新时代专职党务工作者工作实用手册

（图解版）

欧阳旭辉　主编

中国出版集团有限公司
研究出版社

图书在版编目（CIP）数据

新时代专职党务工作者工作实用手册：图解版 / 欧阳旭辉主编 . — 北京：研究出版社，2018.1（2025.3 重印）

ISBN 978-7-5199-0116-5

Ⅰ . ①新… Ⅱ . ①欧… Ⅲ . ①中国共产党－工作－手册 Ⅳ . ① D26-62

中国版本图书馆 CIP 数据核字（2018）第 014990 号

出 品 人：陈建军
出版统筹：丁　波
责任编辑：寇颖丹

新时代专职党务工作者工作实用手册：图解版

XINSHIDAI ZHUANZHI DANGWUGONGZUOZHE GONGZUO SHIYONG SHOUCE：TUJIEBAN

欧阳旭辉　主编

研究出版社 出版发行

（100006　北京市东城区灯市口大街 100 号华腾商务楼）

三河市龙大印装有限公司印刷　新华书店经销

2018 年 3 月第 1 版　2025 年 3 月第 2 次印刷

开本：710 毫米 ×1000 毫米　1/16　印张：14.5

字数：174 千字

ISBN 978-7-5199-0116-5　定价：49.80 元

电话（010）64217619　64217652（发行部）

编写说明

走进新时代，实现新作为。为了帮助各级党政机关、基层党组织和广大党务工作者更好地贯彻落实党的二十大和二十届二中、三中全会精神，做好新时代的党建、党务工作，为全面建成社会主义现代化强国、实现第二个百年奋斗目标，以中国式现代化全面推进强国建设、民族复兴伟业提供坚强有力的政治、思想和组织保证，我们及时修订了新时代党建工作实务与创新图解系列丛书。

丛书以习近平新时代中国特色社会主义思想为指导，依据党的二十大和二十届二中、三中全会精神，二十大党章以及中央最新文件精神，深入贯彻习近平总书记关于党的建设的重要思想，结合新时代党建、党务工作的新实践、新经验，全面系统、简明扼要、深入浅出地阐述了党建、党务工作的实务与创新方面的理论、知识、经验及实操方式方法，并配以生动活泼、意趣盎然的图表、图示，具有较高的政治性、思想性，较强的趣味性、实用性和操作性，是帮助各级党政机关、基层党组织和广大党务工作者提高政治思想素质、业务水平与创新能力的优选参考读物。

目录

第五章　党员管理工作

第六章　党的纪检工作

第七章　党的宣传工作

第八章　党的干部工作

第九章　党的信访工作

第十章　党的群众工作

第十一章　党的选举工作

第十二章　党务工作方法

第一章

党务工作的内涵、性质和职能

XINSHIDAI

ZHUANZHI DANGWUGONGZUOZHE GONGZUO

SHIYONG SHOUCE

TUJIEBAN

中国共产党的领导是中国特色社会主义最本质的特征，是中国特色社会主义制度的最大优势。党务工作，是党的领导、党的建设的基础工作。党的建设理论、原则的实现，党的领导活动等，都离不开党务工作。

一、党务工作的内涵

理解党务工作的含义，需要先理解党务工作与党的工作、党的建设之间的联系。

党务工作的内涵

从概念的内涵来讲，党务工作的含义既有狭义和广义之分，又有实践形态和理论形态之别

狭义的党务工作是指党内一些事务性活动，仅限于党的文秘工作的范围。它主要包括新党员入党材料、党籍证件、党员登记和调动表格、党费交收单据、党员人事案卷的管理工作，以及党的代表大会、代表会议、党委全体会议和常委会会议及各级党组织会议的记录，上级党的机关下达的文件，人民群众来信、申诉及其材料的管理工作，等等

广义的党务工作是指党内各项业务活动和事务活动的总和。它包括党的组织工作、宣传工作、纪律检查工作、政策研究工作、统一战线工作、办公厅室工作等各项业务性工作

党务工作与党的工作、党的建设是紧密联系又相互区别的三个范畴。从联系上来看，它们都是党所从事的事业，都是以无产阶级政党作为研究对象的科学。从区别上来看，它们并不是平行的等同关系，而是包含与被包含的关系。按照形式逻辑概念的种属关系，党的工作是三者中外延最大的种概念，它是指党所从事的全部活动，除包括党的建设和党务工作以外，还包括党的领导工作、思想政治工作、群众工作、军事工作、经济工作、文化工作以及处理与外国政党关系的外事工作等。党的建设是党的工作的属概念，又是党务工作的种概念，其是指党为保持自己的性质而从事的一系列自我完善的活动，既包括党务工作，又包括党的政治建设、思想建设、组织建设、作风建设、纪律建设和制度建设。党务工作只是党的工作和党的建设的一个组成部分，是被包含于党的工作和党的建设之中的一个属概念，其外延要小于党的工作和党的建设。准确地讲，它是围绕党的建设而进行的一系列具体的党内管理活动。

从形态上来说，党务工作有实践和理论两种形态。党务工作的实践形态是指客观存在的社会现象，即党内全部的业务活动和事务活动。党务工作的理论形态是指人们对客观存在的正确认识，并用于指导实践的正确思想，即党务工作的基本原理。从党务工作的两种形态来看，我们党的党务工作既有成功的社会实践，又有完善的相对独立的理论体系。在自身建设的长期实践中，我们党积累了丰富的党务工作经验。这些实践经验是党务工作理论形态形成和发展的基础和前提。而党务工作的理论是对党务工作实践经验的科学总结和概括，对实践形态的党务工作起着重要的指导作用。党务工作的实践与理论互为条件，共同构成党务工作的统一整体。我们研究党务工作，必须把这两种形态有机地结合起来。

二、党务工作的性质及特点

（一）党务工作的性质

事物的性质即是它的本质属性。党务工作的本质属性是它的阶级性、科学性和实践性，它是一门正确反映党内业务工作和事务工作规律的科学，是一项直接为无产阶级及其政党服务的实践活动。

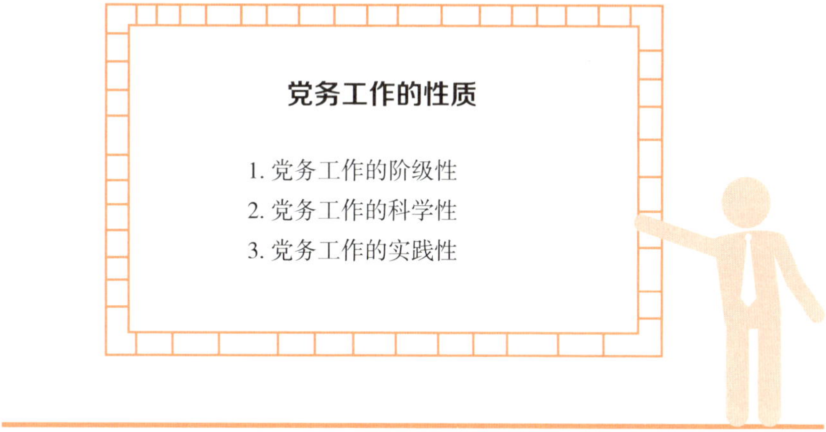

1. 党务工作的阶级性

任何政党的党务工作都具有鲜明的阶级性，超阶级的纯事务性党务工作是不存在的。中国共产党的党务工作具有鲜明的无产阶级性质。

首先，我们党党务工作的无产阶级性质表现为它是直接依附于党并为党服务的。中国共产党是中国工人阶级的先锋队，这一本质属性从根本上规定了党的各项工作都必然具有无产阶级的性质。党务工作是党的事业的一个重要组成部分，是直接依附于党的，因此，它必须也必然体现党的无产阶级性质。不仅如此，党务工作作为党的一项内部工作，是直接为党服务的，其根本任务就是以自己卓有成效的工作促进党的建设，保持党的工人阶级先锋队性质。因此，它与党的一些外部工作相比，其阶级属性显得更为强烈，更为突出。

其次，我们党党务工作的无产阶级性质还表现为它是为人民群众根本利益服务的。这不仅是因为党的利益和人民群众的利益是一致的，党务工作为党服务就是为人民群众的根本利益服务；还因为党务工作与人民群众的切身利益有着密切的关系，它的各项工作无不代表人民的利益，执行人民的意志。因此，党务工作的唯一宗旨就是全心全意为人民服务，党务工作的根本路线就是党的群众路线，衡量党务工作的最高标准就是人民群众的根本利益，这是区别我们党党务工作与其他政党党务工作的根本界限。

2. 党务工作的科学性

我们党党务工作的又一本质属性是其严密的科学性。

首先，我们党的党务工作的科学性表现为它是以马克思主义的科学理论为指导思想。马克思主义是一个严密而完整的科学思想体系，它正确揭示了客观世界特别是人类社会发展的规律，是人们认识世界、获得真知唯一正确的世界观和方法论。我们党坚持用马克思主义的立场、观点和方法指导党务工作，坚决反对唯心主义和形而上学，这是党务工作科学性的重要保证。

其次，我们党的党务工作的科学性还表现为它坚持实事求是的原则，严格按照党务工作的客观规律办事。科学的本质是符合客观事物的规律性。我们党的党务工作自建立以来，就自觉地坚持一切从实际情况出发，理论联系实际，以党务工作固有的规律性作为行动的向导，严格按照客观实际的要求制定党务工作的方针和原则，确定目标和任务，采取手段和方法，从而在实际工作中保证了党务工作的科学性。

再次，我们党的党务工作的科学性还表现在其拥有科学的理论体系。经过广大党务工作者和理论工作者的长期努力，我们党的党务工作逐步形成了比较完善的、相对独立的科学理论体系。从党务工作的基础理论来看，我们党对党务工作的地位和作用、方针和原则、目标和任务、内容和形式等已经有了深刻的认识，提出了一系列比较完整而准确的基本原理。从党务工作的分支学科来看，党的组织工作学、党的宣传工作学、党的纪律检查工作学、党的统一战线工作学初步完善，党的政策研究工作学、党的办公厅室工作学等也正在建立和形成之中。另外，我们党的党务工作还产生了一些交叉学科，如党务工作管理学、党务工作心理学等。这些基础理论、分支学科和交叉学科，从不同角度反映了党务工作的客观规律，为科学开展党务工作奠定了理论基础。

最后，我们党的党务工作的科学性还表现为其有科学的组织体系。我们党的党务工作组织体系是一个严密的有机整体，不仅有纵向结构上的各级党的组织，又有横向结构上的各类党务工作部门。这些党组织和党务工作部门都是按照最科学的组织制度——民主集中制有规律地建立起来的，能够通过自身的协调，解决工作上的各种矛盾和纠纷，保证党务工作的集中统一领导和科学的分工协作，使各级党组织和党务工作部门形成合力，完成党的各项工作任务。

3. 党务工作的实践性

党务工作拥有高度的实践性，离开了实践，党务工作就失去了意义。

首先，我们党的党务工作的实践性表现为它的根本出发点是客观实际，它的一切内容均从实践中来。党务工作本身就是在党的建设的实践中产生和形成的，它的一切理论、方针、原则和方法，都是对实践经验的总结和概括。

其次，我们党的党务工作的实践性还表现为它的唯一目的是应用于党的建设的实践，为实践服务，其落脚点是实践。党务工作的一切理论来自实践，又是为实践服务的，它的唯一意义是指导实践，解决党的建设实践中存在的各种问题，从而推动党的建设实践的发展。

再次，我们党的党务工作的实践性还表现为检验其效果的唯一标准是实践。党务工作效率怎样，这不是一个理论问题，而是一个实践问题。党务工作只有在实践中被证明是有利于生产力发展的，是促进了党的建设的，才是有效的。

最后，我们党的党务工作的实践性还表现为实践是其发展的根本动力。党务工作的丰富和发展是在实践、认识，再实践、再认识这样一个循环往复的过程中实现的。在这个过程中，实践是不断提高党务工作水平的关键环节。正是因为党的建设实践的不断发展，不断对党务工作提出新的任务和要求，才使得党务工作者不断深化对党务工作规律的认识，完成由经验型向科学型的转变。

（二）党务工作的特点

党务工作的特点，就是党务工作本质属性的外部表现特征。我们只有正确认识党务工作的特点，才能更深刻地理解和把握党务工作的性质。

1. 原则性

党务工作的原则性很强，要求坚持党的优良传统、克服各种不良倾向；刚正不阿、秉公办事；实事求是、扶正去邪、维护党和人民的利益，维护党的团结；在大是大非面前，立场坚定、坚持原则，善于斗争、团结同志。

2. 实践性

党务工作是非常具体的实际工作，要求党务工作者尽量做到主观与客观一致，言行一致，知行统一。这样，党务工作才能卓有成效。

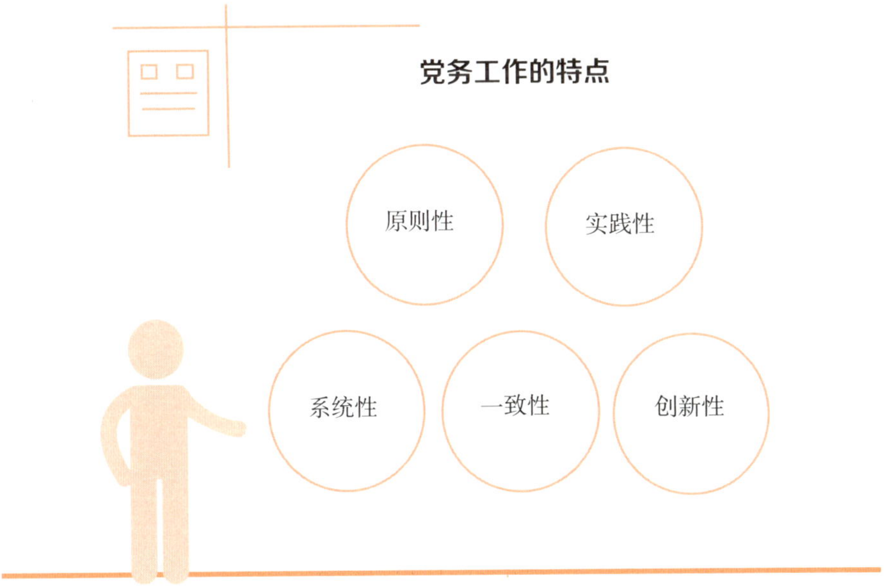

3. 系统性

党务工作，从纵向结构看，有中央、地方、基层组织不同层次的党务工作；从横向看，有组织工作、宣传工作、纪检工作、统战工作、群团工作等不同系列的党务工作，构成了一个有机的整体。它们都服从于中央关于党务工作总体目标和总体要求。但各个层次、各个系列的党务工作又有其相对的独立性。

4. 对党的领导机关负责和对群众负责的一致性

党务工作者首先应对党的领导机关或领导负责，对党的领导机关负责和对人民群众负责是一致的。因为党的根本宗旨是全心全意为人民服务。我们党的利益和人民群众的总体利益是一致的，党除了人民群众的利益，没有任何自己的利益。党务工作如果只对领导机关负责，忽略人民群众的意志和要求，甚至脱离人民群众，党的任何工作都不可能得到落实；相反，如果只强调人民群众的眼前利益和要求，无视党的大政方针，人民群众的社会活动就会迷失方向。

5. 创新性

不同的历史时期，党务工作的任务、工作方法是不同的。新时代党的一切工作都必须保证党的基本路线的贯彻执行。与此相适应，就要有一系列适应新时代的党务工作的形式和方法，才能完成新时代赋予的艰巨而复杂的任务。当前，我们的党务工作必须围绕着党的二十大提出的全面建成社会主义现代化强国、实现第二个百年奋斗目标，以中国式现代化全面推进中华民族伟大复兴这个目标而努力奋斗。

三、党务工作的职能

党务工作是党的建设的重要组成部分，在整个党的工作中具有重要的地位和作用。党务工作的基本职能，如教育职能、管理职能、协调职能、监督职能、调研职能和领导职能发挥得怎样，党务工作者特别是领导干部的素质如何，直接关系到党的领导水平的提高和执政地位的巩固，关系到我们党在人民群众中的形象和威信。

1. 教育职能

党务工作的一项根本性职能是教育职能。即根据党的事业发展需

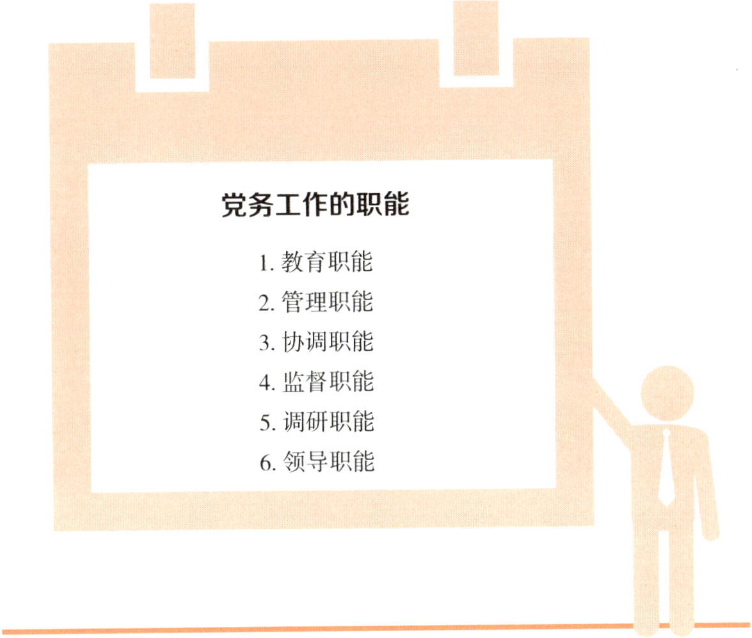

要，采取各种有效的形式、方法，对党员干部进行思想政治和文化知识业务教育，以增强他们的党性，提高他们的自身素质。只有强化党务工作的教育职能，加强党内教育，才能不断克服党内的各种非无产阶级思想，全面提高广大党员干部的思想、政治、文化和业务素质，并为充分发挥党务工作的其他各项职能作用打下良好基础。

2. 管理职能

党务工作的一项主要职能是管理职能。它是指依据党内规章制度，采取科学的方法技术，对党员干部、党的组织和党务活动实施计划、组织和控制，以完成党务工作的目标和任务。党务工作管理职能的主要内容包括以下几个方面：

（1）党员管理。它是指按照党员条件和党内生活准则对党员进行计划、组织和监督。它包括党员发展工作、党员组织生活管理工作、党员审查考核评议和鉴定工作、不合格党员处置工作、党籍和组织关系管理工作及党费收缴工作等。

（2）干部管理。它是指按照党的干部标准和党内生活准则，对党的干部进行计划、组织和监督。包括干部培养、选拔、考核、审查、评议、鉴定、调配、交流、罢免工作，领导干部双重组织生活管理工作，健全和完善干部制度工作，以及离退休干部管理工作等。

（3）党的组织机构管理。它是指根据党章和有关规定，对党的各级各类组织机构进行计划、组织和监督。包括确立党的组织建制，设置各级各类组织机构，规定其隶属关系，划分其职权和任务，分配其人员数量定额和职务等。

（4）党内会议管理。它是指按照有关制度和规定，对党内会议进行计划、组织和控制。包括制订会议计划、办理会议审批手续、确立会议规则、设立会议组织机构、做好会前准备和会中服务以及会后善后工作等。

（5）党内案件管理。它是指根据党的纪律，对党内违纪案件进行调查、审理和处置。包括受理检举、控告和申诉，立案调查，对已查结的案件和复查案件的审核处理，处分违纪党员等。

（6）党内公文档案管理。它是指对党内公务文件、档案材料实施的管理，包括公文的发文处理和收文处理，档案的收集、整理、鉴定、保管和利用等。

3. 协调职能

协调职能是党务工作的一项整体职能。即按照正确处理党内关系的原则，运用各种有效的形式和科学的方法，调解党内矛盾，理顺党内各种关系，保持党的整体平衡，使各个局部步调一致，以利于发挥总体优势，提高党的凝聚力和战斗力。

党务工作的协调职能主要内容包括以下几个方面：

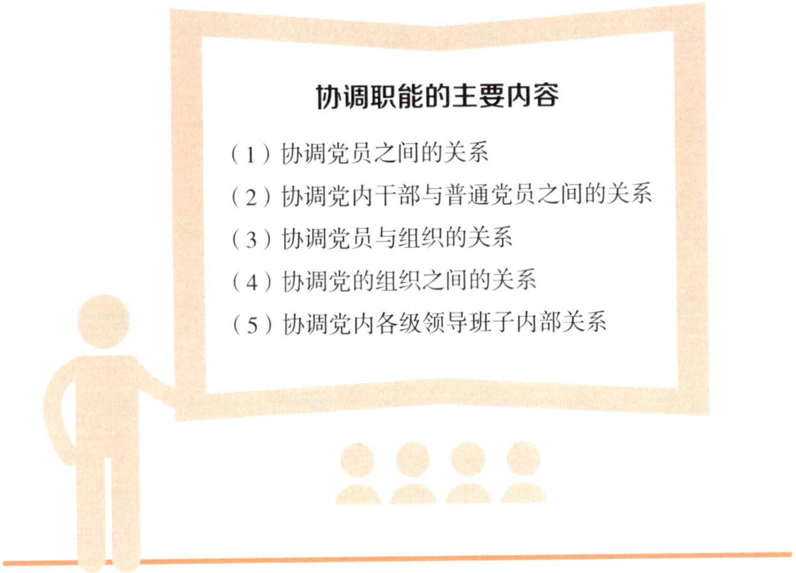

（1）协调党员之间的关系。它的主要任务是实现党员之间的思想、情感和信息的交流，建立和发展党内平等、团结友爱、互助的同志关系。互相尊重、互谅互让为其基本原则。

（2）协调党内干部与普通党员之间的关系。它的主要任务是密切党的干部与普通党员关系，确立“党员主体”的观念和机制，真正实现党员在党内当家作主的权利和地位。民主平等为其基本原则。

（3）协调党员与组织的关系。它的主要任务是充分调动党员的积极性。党员个人服从党的组织为其基本原则，党组织要尊重和保障党员的权利。

（4）协调党的组织之间的关系。其主要任务是及时、畅通、准确地做到下情上达、上情下达和平行沟通。下级服从上级、全党服从中央、同级组织之间要密切协作为其基本原则。

（5）协调党内各级领导班子内部关系。它的主要任务是加强集体领导，实现科学决策。少数服从多数为其基本原则。

4. 监督职能

党务工作的另一项重要职能是监督职能。它是指根据党章和《关于新形势下党内政治生活的若干准则》等党的纪律和规章制度，运用党的自身力量，对党员和党组织的行为活动实行有效的监察督促，严肃查处违纪行为，以维护党规的权威性，提高党的自我约束和自我净化能力。党务工作的监督职能主要内容包括以下几个方面：

（1）监督党员。党务工作监督职能的基本内容是对党员实行监察和督促，它主要包括：建立和完善党员监督的有关制度，安排部署党员监督工作；采取有效措施全面监督党员履行党员义务情况；处理党员监督工作中的问题，按一定程序查处违反党纪、政纪的党员；定期向上级党组织报告党员监督工作的情况，提出改进党员监督工作的意见和建议。

（2）监督干部。党务工作监督职能的重点内容是对党员干部特别是领导干部实行监察和督促。它主要包括：建立和完善干部监督的有关制度，安排部署干部监督工作；在监督干部履行党员义务的基础上，重点监督干部执行党的路线方针政策、遵守党的政治纪律、贯彻民主集中制和集体领导原则、行使职权和保持党的优良传统作风等方面的情况；按照干部管理权限，查处违反党纪政纪的干部；协调同党外各监督力量的关系，构建党统一指挥、全面覆盖、权威高效的监督体系。

（3）监督党的组织。党务工作监督职能的重要内容是对党的各级组织实行监察和督促。它主要包括：建立和完善监督党的组织的有关制度，安排部署组织监督工作；监督党组织履行职责和完成任务的情况；对党的组织的机构设置、人员编制、领导职数、人员兼职等实行监督和控制。

5. 调研职能

调研职能是党务工作的一项综合性职能。它是指采取科学的手段和方法，收集党务工作和有关方面的信息资料，并对其进行加工整理、分析综合，以揭示党务工作的本质特征和发展规律，预测其发展变化的趋向，提出相应的对策，为党务工作领导机关和领导者提供决策的依据和可供选择的方案。党务工作的调研职能主要内容有以下几个方面：

（1）调查研究党的思想建设。这主要是指调查研究党员干部的理论素养和思想觉悟程度，党内各种非无产阶级思想的表现及其纠正的办法，党的理论建设和思想教育工作的经验、问题及其改进方法等。

（2）调查研究党的政治建设。这主要是指调查研究党员干部的政治立场、政治方向、政治态度和政治觉悟的状况，党的路线方针政策的贯彻执行情况，国内外各种敌对势力和反动政治错误思潮对党的影响及克服的对策，党内政治生活中存在的问题及解决办法，改进党的政治建设的途径、方法与措施等。

（3）调查研究党的组织建设。这主要是指调查研究贯彻民主集中制原则的情况，党的干部队伍建设情况，党员队伍建设情况，党的各级领导班子的建设情况，新形势下的党组织建设遇到的新情况、新问题及改进的措施等。

（4）调查研究党风党纪建设。这主要是指调查研究党风状况，新形势下党内不正之风和消极腐败现象的表现、特点、根源、危害及解决的途径，各级党组织和党员特别是党员领导干部遵守和执行党的纪律的情况，完善党内各项制度、加强党内监督的情况等。

6. 领导职能

党务工作的一项关键性职能是领导职能，它是指为了实现党务工作的目标和任务，采用一定的组织形式和方法，对被领导者进行率领、引导和指挥，以保证党务工作各职能部门和所有党务工作者履行自己的职责，全力以赴地完成所担负的任务。我们只有对党务工作实行坚强有力的领导，才能统一党务工作系统内部所有成员的思想和行动，步调一致地去实现党务工作的目标，完成党务工作的各项任务。

领导职能的主要内容

（1）科学决策。即对党务工作的重大问题作出正确的决定，是党务工作领导职能的基本内容。科学决策主要包括：调查研究、确定目标、设计方案、作出抉择、执行决策、反馈校正等程序

（2）选贤任能。即选拔使用各级党务工作干部，是党务工作领导职能的重要内容。正确进行选贤任能要掌握好领导人才的发现、领导人才的考察、领导人才的培养、领导人才的选拔、领导人才的使用等主要环节

【创新案例】

党建引领多元力量　共谱社区幸福篇章

四川省成都市锦江区锦华路街道晨辉社区是折迁安置小区和商品房相结合的社区，人员构成情况复杂，社区治理难度大。近年来，社区党委坚持党建引领基层治理，充分发挥社区两委、专业社会组织、居民骨干力量，协调联动相关职能部门、共建单位等资源，共同参与

社区治理，聚力谱写社区幸福篇章。

党员驱动提升社区治理“战斗力”

“现在每天早上起来，坐公交到观音桥菜市场买菜方便得很，感谢咱们社区书记工作室的付出和努力！”致瑞雅苑居民张师傅口中的王琦书记工作室今年以来主动作为，全方位、多途径收集到包括居民出行、基础设施、社区教育等民生方面的诉求达50余条，并积极推动问题的解决，受到群众的广泛好评。

“我们工作室以联部门、聚支部、汇专家、强专业、撬骨干、活资源的‘六维聚力’工作法，变坐等居民反映问题到主动下沉社区问需，真正走进群众，倾听民意，服务民生。”社区书记王琦说。

2024年7月，张师傅在“书记固定接待日”向王琦提到：“静平路通了，但是公交站点太少，希望能把站台设置到观音桥菜市场，更方便大家买菜。”

对此，工作室深化区域化党建机制，发挥党组织引领优势，联部门、聚支部，多次与成都公交东星101车队党支部、行政第一党支部、成都交警三分局党支部沟通协调，成功在静平路增设站台2处，在晨辉东路调整站台2处，解决群众安全出行“最后一公里”问题，切实增强群众的获得感、幸福感、安全感。

王琦表示，下一步，工作室将通过多维度的协同发力，围绕培育培养帮带、探索创新突破、项目孵化培育、区域协同治理、资源力量聚合、加强自身建设六大任务，提升社区两委、后备干部、社区工作者、网格党支部书记能力，破解社区资源分散与利用效率低的难题，推动社区发展治理高质量发展。

专业组织激发社区治理“执行力”

“这块地的面积约6000平方米，过去曾办过日间照料中心，但由于服务功能单一、空间利用率低、整体环境差等原因，导致无法继续运营下去。”晨辉社区副主任李惠说。从照片中可以看到，“爱乐园”所在的地方过去杂草丛生，车辆乱停乱放。

如何破解空间单一、社会服务力量不足等问题，实现运行维护从“输血”到“造血”？晨辉社区探索与专业社工机构“成都市爱有戏社区发展中心”合作，探索建立社区合伙人基层治理新模式，融合居民意见和社区在地文化，设计打造了面积约6000平方米的全龄友好空间，为全龄段居民提供便民、文教、社团、休闲、体育、康养6大类23项服务。

在被晨辉社区引进后，“爱有戏”始终坚持以居民需求为导向，以专业化社会服务为方向，以专业社工人才为支撑，以提升社区治理水平为目标，积极链接专业社会组织、社会企业，整合辖区资源，为辖区居民提供专业、精细化的服务。在造血机制方面，社区还盘活了众多空间，引入社区商业，以空间换服务、平台引组织、项目推活动为运行方式，以公益＋市场双向互动发展，用低偿＋收费的服务模式实现造血，持续为空间注入创新活力，今年，爱乐园全龄友好空间项目被评为优秀合伙人项目。

如今，各主体在晨辉社区党委的综合统筹下，协力推进社区治理。“我们还在不断收集整理居民的需求，之后还将和辖区单位合作打造具有便民功能的社区食堂。”李惠说，未来，晨辉社区将坚持共建共治共享，努力让居民获得感成色更足、幸福感更可持续、安全感更有保障。

居民骨干撬动社区治理“自转力”

社区，是城市终端的“毛细血管”。党建引领“微网实格”是成都近年来在网格化管理基础上推进的超大城市治理新举措。

“各位微网格员，大家完成微光任务就可获取‘微光币’，它可以兑换美食、观影、出行、生活等专属定制权益，还可以享受便捷支付、线下消费等系列专属优惠……”在成都农商银行二楼会议室，“微光成炬·幸福满格”晨辉社区“城市微光”微网实格激励项目正式启动。

据介绍，锦华路街道充分发挥党建引领优势，与天府市民云和成都农商银行等共建单位达成友好合作共识，共同实施“城市微光”微网实格激励项目，将微网格员任务机制、社会资源、社区发展治理以数字化手段进行链接整合，为晨辉社区微网格员提供专属权益，以“微光币”激发微网格员能动性，进一步突破“微网实格”工作瓶颈。目前，该项目已获评成都市党建引领微网实格治理提质建设项目。

此外，在锦江区委社会工作部和锦华路街道的指导帮助下，晨辉社区还创新探索构建红色“微体系”、扩展网格“微资源”、划分网格“微联盟”、优化网格“微服务”、精准实施网格“微治理”的“五微+”治理新模式，提升城市精细化治理效能。

“通过一系列‘微’活动，让群众感受到‘满格’的幸福，有利于加快打通服务群众的‘最后一米’。”晨辉社区相关负责人说，“我们还将进一步构建完善‘微网实格’治理格局，充分激发微网格员和志愿者参与社区治理的积极性、主动性，为居民提供便捷、高效、优质的服务。”

（摘编自人民网–四川频道 2024 年 10 月 8 日）

第二章

专职党务工作者

XINSHIDAI

ZHUANZHI DANGWUGONGZUOZHE GONGZUO

SHIYONG SHOUCE

TUJIEBAN

专职党务工作者通常是指在党务部门（各级党委机关）工作或是在其他机关、企事业单位专职从事党务工作（包括专职的党组织书记、副书记及纪检组组长）的人员。

一、专职党务工作者的职责

专职党务工作者在党委（总支、支部）书记领导下，协助党委（总支、支部）书记开展工作，负责党组织的日常工作。其职责主要包括以下几个方面。

专职党务工作者的职责

1.协助书记召集党委（总支、支部）委员会和党员大会

2.协助书记制订党委（总支、支部）工作计划

3.协助书记抓好党委（总支、支部）委员会自身建设

4.协助书记做好党委（总支、支部）委员会委员和工作人员的思想政治工作

5.认真做好对党员的教育、管理、监督和服务工作

6.做好非公有制企业、新经济组织、新社会组织和新就业群体的党建工作，做好工青妇等群团组织工作，抓好对流动党员的教育管理工作

7.协助书记和组织委员做好党组织党费和活动经费的收缴、管理与使用

8.协助党组织做好载体创新工作

9.按照党中央和上级党组织及本级党组织的要求，做好其他临时性的党务工作

（1）协助书记召集党委（总支、支部）委员会和党员大会，学习传达贯彻党的路线方针政策和上级工委（党委）的决议指示，将工作中的重大问题及时提交党委（总支、支部）委员会或党员（代表）大会讨论决定。

（2）协助书记制订党委（总支、支部）工作计划，对党委（总支、支部）或党员（代表）大会确定的工作计划、决议认真抓好落实，保证各项工作任务的完成。

（3）协助书记抓好党委（总支、支部）委员会自身建设，贯彻落实民主集中制，按时组织召开党委（总支、支部）民主生活会，积极开展批评和自我批评，不断增强党组织的凝聚力和战斗力。

（4）协助书记做好党委（总支、支部）委员会委员和工作人员的思想政治工作，经常与他们沟通思想、交流情况，积极调动各方面的工作积极性。

（5）认真做好对党员的教育、管理、监督和服务工作，了解掌握党员的思想、工作、学习和生活情况，做好党员经常性的思想政治工作，做好生活困难党员帮扶工作，充分调动党员的积极性，发挥好党员的先锋模范作用。

（6）做好非公有制企业、新经济组织、新社会组织和新就业群体的党建工作，做好工青妇等群团组织工作，抓好对流动党员的教育管理工作。

（7）协助书记和组织委员做好党组织党费和活动经费的收缴、管理与使用。

（8）协助党组织做好载体创新工作，围绕发挥党组织战斗堡垒作用和党员先锋模范作用，在坚持已有的党建活动载体的同时，积极创建符合党员需要、发挥党员特长以及更好地开展党的工作、服务人民群众的党建活动载体。

（9）按照党中央和上级党组织及本级党组织的要求，做好其他临时性的党务工作。

二、专职党务工作者的基本素质

做好机关党建工作，不断提高机关党的建设科学化水平，是每一名党务工作者面临的重要课题。要想牢牢掌握机关党建工作的主动权并有所作为，党务工作者必须具备以下基本素质。

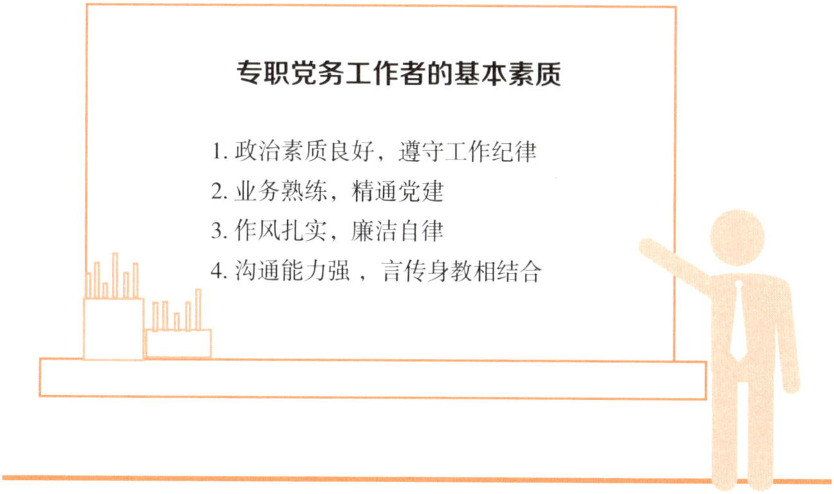

1. 政治素质良好，遵守工作纪律

身为一名专职党务工作者，必须具备良好的政治素质，认真学习马克思列宁主义、毛泽东思想、邓小平理论、“三个代表”重要思想、科学发展观、习近平新时代中国特色社会主义思想，及时宣传党的理论和路线方针政策。在实际工作中，要始终保持谦虚谨慎、不骄不躁和艰苦奋斗的作风；政治立场坚定，政治观点鲜明，遵守工作纪律。在政治引领方面，要坚持正确方向，树立讲党性、重品行、作表率的意识，着力营造团结向上、积极进取的良好氛围。要加强政治纪律教育，特别是在反对分裂、维护稳定方面，在思想上政治上行动上始终与党中央保持高度一致。只有具有坚定的政治立场，才能理直气壮地进行宣传教育，为完成党和国家的各项任务而奋斗。

2. 业务熟练，精通党建

一名专职党务工作者，必须精通党建工作，成为党务方面的行家里手。一是熟悉掌握党的基本知识。专职党务工作者既要全面了解党的历史，更要熟悉掌握党的性质、宗旨、指导思想、基本理论、基本路线、基本方略、党的建设要求、党的纪律、党的组织制度和工作程序等内容，严格按照规定操作，不图形式，注重实效。二是具有较强的组织能力。既能调动本单位的力量，发挥全体党员的积极性，形成一股凝聚力，又能协调组织其他单位的力量，共同开展思想政治工作。三是始终保持创新意识。不断适应新形势，增强凝聚力，扩大影响力，以高效灵活的工作机制作保证，敢于开拓创新，用轻松愉悦的形式开展党建活动。四是着力提升语言文字功底。能写出文理通顺、主题鲜明的文章，能起草党的公文，适应任务需要，具有一定的口头表达能力，能组织各种活动，为党建宣传工作起到推动作用。五是保持不断学习的热情。在知识更新频繁的新时代，党务工作者只有不断学习，并把所学的知识和技能运用到实际工作中，才能为党和人民作出更大的贡献。

3. 作风扎实，廉洁自律

身为一名专职党务工作者，第一，必须增强廉洁自律意识。广大党务工作者要廉洁自律，树立正确的世界观、人生观和价值观，公私分明，不贪不占，遵纪守法，尽职尽责。第二，要有奉献精神。要始终把党的利益、集体利益和群众利益置于个人利益之上，要有全心全意为人民服务的优良品质，不计较自己的付出和回报。第三，要有不怕吃苦的意志。从点滴做起，坚持工作上高标准、生活上低要求，永葆专职党务工作者的本色。

4. 沟通能力强，言传身教相结合

党务工作者必须加强与党员的沟通，把握党员的思想观念和不同需求，把着眼点放到统一党员的政治思想、理顺党员情绪、凝聚党员人心、激发党员积极性和创造性上来。坚持虚实结合，传统和创新结合，言传和身教结合，思想教育和干部带头结合，解决思想问题和解决实际困难结合，使党的思想政治工作有序高效发展。

三、培养专职党务工作者的主要途径

习近平总书记高度重视党务工作者队伍建设。建设一支高素质的党务工作者队伍，是党的建设的重要组成部分，是做好党建工作的必然要求。抓好党建工作，核心在党，关键在人。在加强专职党务工作者队伍建设中，应着力建立四项机制，把好的工作做法用制度固定起来，坚持用制度管权、管事，用机制留人、留心。

学习贯彻习近平总书记关于党务工作的重要指示，可以从以下几个方面着手。

一要认真落实专职党务工作者的配备。《中国共产党党和国家机

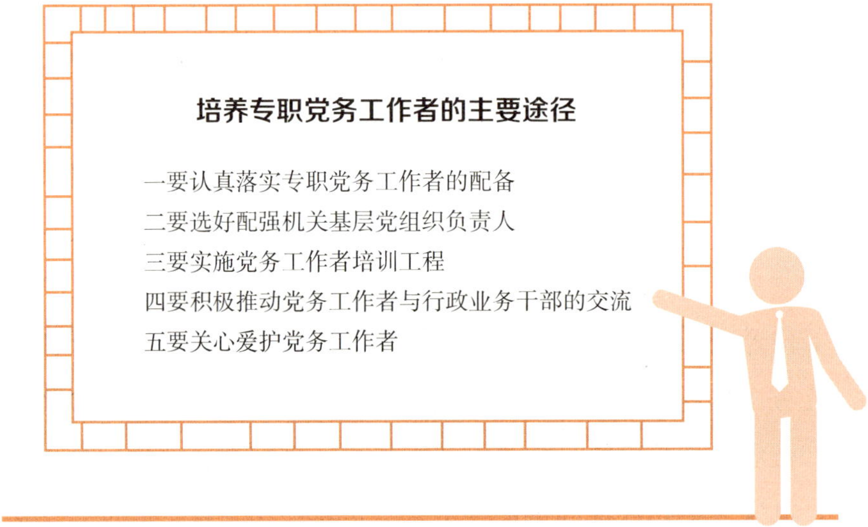

关基层组织工作条例》对选拔配备机关党务工作人员的比例和基本条件作了明确规定，认真落实这些规定，按要求配足配强党务工作人员，是党建工作健康发展的重要条件。

二要选好配强机关基层党组织负责人。我们要按照守信念、讲奉献、有本领、讲党性、重品行、作表率的要求，抓好机关“两委”书记队伍和机关党支部书记队伍，建设一支高素质的机关党组织带头人队伍。要在中央国家机关发现、选树、培养一批优秀基层党组织负责人，使他们充分发挥带动作用和辐射作用。

三要实施党务工作者培训工程。搞好培训是提高党务工作者能力素质、使之胜任本职工作的重要途径，也是党务工作者队伍建设的重要环节。我们要积极实施党务工作者培训工程，制定党务工作者培训规划，丰富培训内容，改进培训方式，完善师资队伍和教材体系，以提高党务工作者。

四要积极推动党务工作者与行政业务干部的交流。加强机关党务工作人员队伍建设，必须高度重视党务工作人员的交流轮岗工作，尤其是注重推进党务工作人员与行政、业务工作人员之间的双向交流，使党务工作岗位成为提高素质、丰富阅历、施展才华、培养人才的岗位，把党务工作人员队伍变成“一潭活水”，始终保持勃勃生机。

五要关心爱护党务工作者。建设一支高素质的党务工作者队伍，必须对机关工作者给予充分的信任尊重和关心爱护，以充分调动和发挥机关工作者的积极性、主动性、创造性。要坚持精神激励与物质激励相结合，对党务工作者既严格要求又热情关怀，既压担子又教方法，既大力培养又大胆提拔使用，为做好党建工作打下坚实的组织基础。

【创新案例】

党务工作者要做到“三个垂范”

党务工作者是提升党组织政治功能和组织功能的“先行者”，是落实党建任务的“关键人物”，也是管理服务全党党员的“教练员”，决定着党建工作的质量和水平。只有不断提升党务工作者政策理论水平、组织建设能力、服务群众方法等“内功”，力争做到“三个垂范”，才能更好地助力党建工作上台阶、有进步。

争做党的创新理论传播者，成为坚定信念的“垂范”。党务工作者必须处理好“输入”和“输出”的关系，既要保障自身学深悟透，还要引导带动其他党员学思践悟。要自觉深入学习党的创新理论成果，在增强党性修养方面始终走在前列，以扎实的理论功底、过硬的政治素质敢当“领头羊”，善于走在前列。要学好党务工作理论，深刻认识岗位特殊性、职责重要性，做到党务理论有支撑、实践锻炼有方法，把坚定的理想信念作为安身立命的“主心骨”。

当好组织建设勤务员，成为能力过硬的“垂范”。党务工作程序性强、标准较高，堪当党务重任还需党务工作者“打铁必须自身硬”。党员发展、主题党日活动、党组织换届选举……每一项工作任务都是政策理论、法规要求、工作程序、方式方法的综合历练，掌握这门“大学问”必须严格依规、把好质量。要主动强化实践锻炼，补齐能力短板，杜绝出现“硬伤”。要注重总结正反两方面工作经验，坚持扬长避短，结合行业、单位特色促进党建工作规范化、标准化，争当“行家里手”，助力党组织堡垒更加坚强。要想方设法、千方百计组织好党员活动，创新载体方式，杜绝形式主义、官僚主义，不搞拍照片、装认真的“精致党建”，在坚持严肃性的基础上确保活动有样、效果走心。

不负党员群众贴心人，成为服务人民的“垂范”。党务工作者不仅要密切联系群众，还要主动关怀党员，成为服务他们的“知己”。要自觉倾听党员心声，关心他们的成长进步，帮助解决各类碰到的“疑难杂症”，展示出组织强大的后盾作用。要积极协调各方资源，通过各类志愿服务活动凝聚党员群众，为群众办实事、解难题，亮明党员身份、亮出党员旗帜，以实际行动践行党的宗旨，增添群众对党的信任，密切血肉联系、促进鱼水情深。要与时俱进改进党务工作、群众工作，主动适应数字时代的新情况，自觉研究使用短视频、公众号等开展思想工作，走好“网上群众路线”，以通俗易懂、耳熟能详的方式，将党的声音传递到每一个党员群众心中。

（摘编自人民论坛网 2024 年 8 月 19 日，作者：许蔚）

第三章

发展党员工作

XINSHIDAI

ZHUANZHI DANGWUGONGZUOZHE GONGZUO

SHIYONG SHOUCE

TUJIEBAN

党员是党的肌体细胞和党的活动的主体，发展党员工作是党的建设一项经常性重要工作。根据新时代新要求，十九大党章第五条增加了“发展党员，必须把政治标准放在首位”的内容。2018 年 10 月中共中央印发的《中国共产党支部工作条例（试行）》规定：“对要求入党的积极分子进行教育和培养，做好经常性的发展党员工作，把政治标准放在首位，严格程序、严肃纪律，发展政治品质纯洁的党员。发现、培养和推荐党员、群众中间的优秀人才。”党的二十大报告指出，“注重从青年和产业工人、农民、知识分子中发展党员”。

一、发展党员的基本原则

发展党员是一项严肃的政治工作，开展这项工作必须遵循一定的原则，必须严格遵守工作纪律。《中国共产党发展党员工作细则》提出了发展党员的“十六字”总要求，与原来的“坚持标准、保证质量、改善结构、慎重发展”相比，强调要“控制总量、优化结构、提高质量、发挥作用”。

1. 把政治标准放在首位的原则

在发展党员工作中，要把政治标准放在首位，坚持党员条件，不允许因其他的原因把那些不具备党员条件的人吸收到党内来。只要不符合党员条件，不管是什么情况，都不能发展。这是由党的性质和执政党的地位决定的，是保持党的纯洁性和先进性的重要保证。要严格考察每一名申请入党的同志是否真正具有为实现共产主义奋斗终身的信念；能否坚定地贯彻执行党在社会主义初级阶段的基本路线和各项方针政策，为实现社会主义现代化、实现中华民族伟大复兴尽心尽力，能否在个人利益同党和群众的利益发生矛盾时，自觉地牺牲个人利益，不怕吃苦，不怕吃亏。另外，为了提高质量，还要严格履行入党手续，坚决按各项规定的程序办事，除加强对申请入党积极分子的培养、教育工作外，还要加强对新党员的教育、考察工作。

2. 入党自愿的原则

作为一名中国共产党党员，无论何时何地都必须把党的利益、国家的利益摆在首位，全心全意为人民服务，不惜牺牲个人的一切，为实现共产主义奋斗终身。如果入党不是建立在自愿的基础上，就不可能用党员标准去规范自己的言行。因此，任何采取动员或拉人家入党的做法都是错误的。但是，坚持自愿原则不是说党组织可以放弃做工作，等待入党者自发成长，而是在积极培养的条件下，由本人自愿提出入党申请。

3. 个别吸收的原则

所谓“个别吸收”，就是要成熟一个，发展一个。实践证明，只有坚持个别吸收的原则，才能真正体现入党本人的意愿，切实保证发展新党员的质量。坚持这一原则，重点在“成熟”二字。所谓“成熟”，就是新发展的党员确实已具备了党章规定的条件。因此，在实际工作中，要严格按照党员标准，在对入党积极分子进行培养、教育和考察的基础上，成熟一个，发展一个。

4. 重点发展的原则

根据不同群体、行业和岗位特点，确定发展党员的重点，不断优化党员队伍结构。各单位、各部门要从自己的实际出发，确定自己的发展重点。坚持重点发展原则，一方面有利于改善党员队伍结构，另一方面可以提高党员队伍的整体素质，使党员队伍的结构和分布状况适应改革和建设的需要。

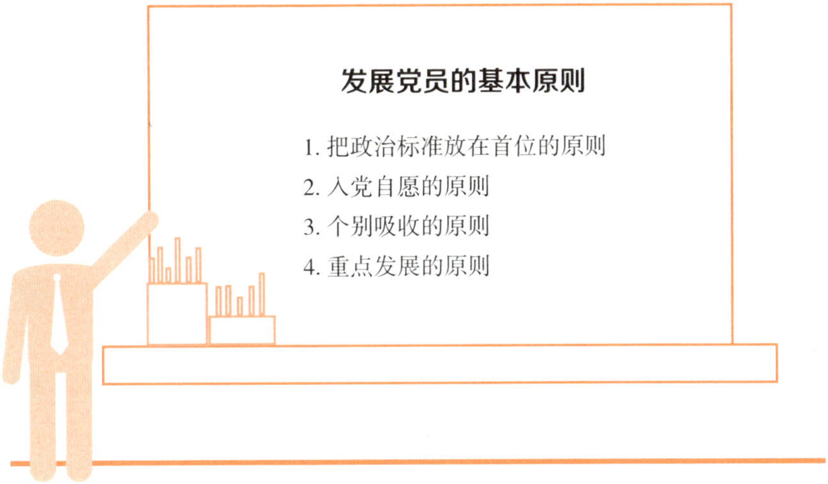

二、党员发展对象的确定、培养

1. 自愿向党组织提出申请

按照党章规定，必须由本人向党组织自愿提出入党申请。这是我们党的一个基本原则，如果不递交申请书，党不可能吸收其为党员。为什么要求入党的同志必须向党组织自愿提出申请呢？

首先，要求入党是一个人的政治信仰，必须是本人发自内心的愿望。发展党员坚持入党自愿的原则，是由我们党的性质和宗旨所决定的。中国共产党不仅代表中国工人阶级的利益，而且代表着中国人民和中华民族的利益，党从成立的那一天起，就把全心全意为人民服务作为根本宗旨。作为一名中国共产党党员，必须全心全意为人民服务，必须自觉地做到无论何时何地都不谋求个人私利和特权，不惜牺牲个人的一切，为实现共产主义奋斗终身。信仰共产主义并决心为之奋斗终身，这是成为一名合格共产党员的首要条件。

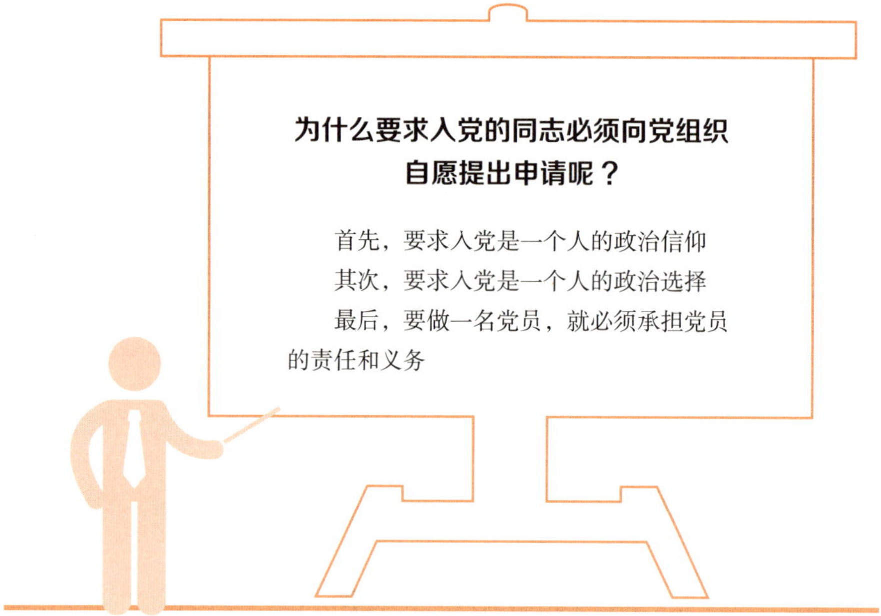

其次，要求入党是一个人的政治选择，只有自愿才能付诸行动，一个人向党组织提出入党申请，这是人生的政治选择，说明他在人生的旅途上树起了一个崭新的目标，从这一天起他应当忠贞不渝地向着这个目标，以积极奋斗、忘我工作的实际行动去实现这一目标。

最后，要做一名党员，就必须承担党员的责任和义务，按照党章的要求去做。能否这样去做，就需要申请入党的人首先来决定，来不得半点强迫和迁就。共产党员有比较高的要求，他必须全心全意为人民服务，为实现共产主义奋斗终身，必须坚持个人利益服从党和人民的利益，为了党和人民不惜牺牲个人的一切，要吃苦在前，享受在后，为实现党的纲领和奋斗目标积极工作。本人向党组织提出入党申请就意味着自己决心按照党的要求去做，承担起一个共产党员的责任和义务。如果本人没有提出入党要求，就说明还没有这个觉悟，没有这样的决心，还有思想顾虑。对于这样的同志，党组织只能启发教育，但不能强拉硬扯入党。鉴于申请入党必须坚持自愿的原则，为了向党组织郑重表达自己的决心，同时也为了便于党组织进行考察、教育和培养，要求入党的同志一般应以书面的形式提出自己的申请。

2. 入党积极分子的确定和培养考察

入党积极分子，应当从已经向党组织递交了入党申请书、经过党组织的培养和教育、各方面比较优秀、接近或基本具备党员条件的入党申请人中来确定。

确定入党积极分子的具体方法

党小组或共青团组织提名推荐，党的支部委员会讨论通过，不设支部委员会的应由支部党员大会讨论通过，报上级党组织备案，并通知入党积极分子本人，要求其本人写出自传，以使党组织能够更全面地了解入党积极分子的基本状况，更有针对性地培养和教育入党积极分子。是共青团员的，团组织要填写《团组织推荐优秀团员作入党积极分子推荐表》

申请入党的人被确定为入党积极分子之后，党组织要对其进行党的基本理论、基本路线、基本方略和基本知识的教育，要帮助他们了解党的性质、纲领、路线、指导思想、组织原则、党员义务和党员权利等，要帮助他们树立正确的入党动机、树立为共产主义事业奋斗终身的信念，要通过多种途径和方法对他们进行培养和考察。做好这些工作，没有一定的时间和过程是不可能的。因此，我们党规定对入党积极分子至少要有一年以上时间的培养、考察。但这也并不是说一年以上就必须将其发展到党内来，而是说，从入党积极分子到成为一名预备党员至少需要一年的培养和考察。

党组织对入党积极分子加强培养和教育，应结合每个入党积极分子的实际情况，制订相应的培养教育计划。其基本方法是：指定与入党积极分子有密切联系的 1 至 2 名正式党员作入党积极分子的培养联系人，以经常对入党积极分子进行帮助和教育。设立入党积极分子联系人，是党组织对入党积极分子负责的表现，也是党组织对党负责的表现。

吸收入党积极分子参加一些党的活动，如参加党课学习、参加讨论发展党员的党支部党员大会、参加新党员的入党宣誓仪式、参加党内组织的有教育意义的其他活动等。党组织经常吸收入党积极分子参加党的有关活动，是对入党积极分子进行培养教育的一个重要措施，也是一个行之有效的重要方法。吸收入党积极分子参加党的活动，可以使入党积极分子更直接地了解和熟悉党的生活，培养他们的组织观念；可以使他们直接体会党员的义务和权利，增强他们的政治责任感和入党光荣感；可以促使入党积极分子更加严格地要求自己，更加自觉地用党员条件规范自己，增强他们的工作事业心和入党紧迫感。

给入党积极分子提供考验和锻炼的机会，给他们分配一定的社会

中国共产党发展党员工作流程

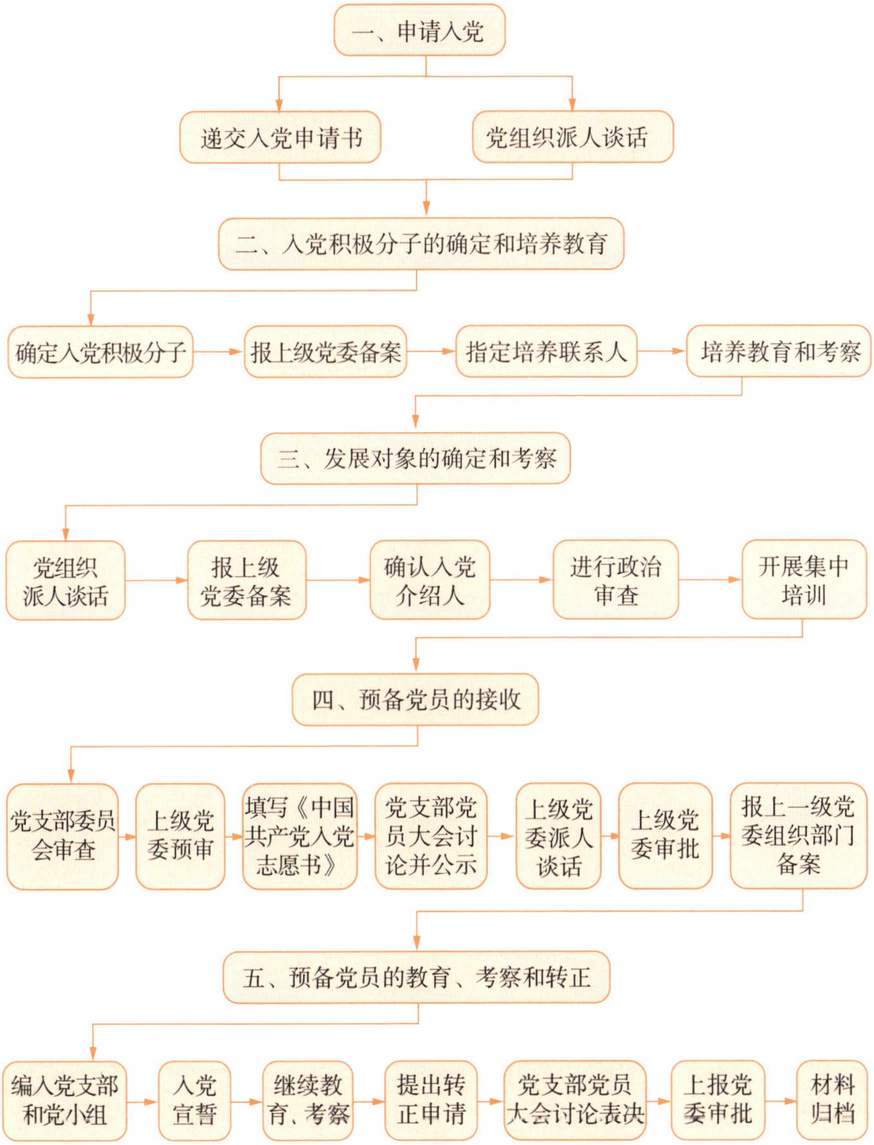

工作，在工作过程中给他们以必要的指导，并检查他们完成工作任务的情况。党组织给入党积极分子分配一定的社会工作，是对入党积极分子进行教育和培养的主要方法之一，也是考察、了解入党积极分子的工作态度、工作能力和工作水平的重要途径。

对入党积极分子进行定期考察，经常收集他们的思想和工作汇报，并据此肯定他们的成绩，指出不足和努力方向，这对于保证发展党员的质量和入党积极分子本人的成长进步，都具有十分重要的作用。对入党积极分子的考察期，自党支部确定其为入党积极分子之日算起。考察的具体方法可以采取由入党积极分子向党组织汇报自己的思想和工作情况的方法，也可以采取听取党内外群众意见的方法。

党支部对入党积极分子的培养教育和考察情况，要及时如实地填写在《入党积极分子培养考察登记表》中。每半年要对要求入党的积极分子进行一次考察，每次考察情况要填入党积极分子考察表（填写考察意见时，要真实、具体、准确，既要写出优点，也要写出缺点）。防止平时无记录，入党前闭门造车、突击编写的现象。

3. 发展对象的确定

发展对象是指入党积极分子经过一年以上的培养教育和考察，党组织在听取党小组、培养联系人和党内外群众意见的基础上，经党支部委员会（不设党支部委员会的经党支部党员大会）讨论，对其中基本具备党员条件、准备近期发展的人员。确定发展对象的主要方法是：要求入党的积极分子经过一年以上的培养、教育和考察，在听取党小组、培养联系人和党内外群众意见的基础上，经党支部委员会（不设党支部委员会的经党支部党员大会）讨论同意，可列为发展对象。党支部确定的发展对象，应及时向上级党委（总支）报告意见，并附送入党积极分子的政审材料、党内外群众意见的原始记录、考察材料、《入党积极分子培养考察登记表》等。我们党之所以要在确定发展对象工作中作出这一规定，是因为党员发展工作，需要在党支部作出决议的基础上，由上级党组织审批。因此，将发展对象的一系列材料上报上级党组织审查，并同意确定为发展对象，可以为后来的党员发展工作提供许多便利，可以防止基层党组织同意发展，而上级党组织审查后不同意或不批准的现象发生，防止对发展对象造成不利的心理影响等。

入党积极分子被确定为发展对象后，党组织对其的培养、考察并未结束，因而不仅不能放松，而且还要提出更高的要求。要继续吸收他们多参加党的有关活动，多分配给他们必要的社会工作，经常检查和督促他们的思想、工作和学习情况，促使他们更自觉、更严格地用党员的条件要求自己。同时，还要组织他们参加入党前的短期集中培训，以进一步提高他们对党的认识，坚定他们的共产主义理想和社会主义信念。通过这些形式对发展对象进行继续培养，以保证新发展的党员符合党员条件。党组织对发展对象在入党前进行短期集中培训，也是党员发展工作中的一道必不可少的程序。按照我们党的有关规定，基层党委要对发展对象进行短期集中培训，具备党员条件且培训成绩合格者，可以吸收为预备党员。没有经过短期集中培训，或者成绩不合格者，不能发展为预备党员。这是保证新党员质量的重要措施，也是党组织进一步考察入党积极分子的重要方法。

党组织对发展对象进行政治审查，是发展党员的基本程序之一。从根本上说，对发展对象进行政治审查，是保证新发展党员的质量，进而保证党员队伍的先进性和纯洁性的重要方法。党组织对发展对象进行政治审查的主要内容，在不同的历史时期有不同的要求。当前对发展对象进行政治审查的主要内容包括：一是发展对象本人对党的路线、方针、政策的态度。是真诚地拥护、积极地执行党的路线、方针、政策，还是口头上拥护，行动上不积极执行，或是有抵触情绪，拒绝甚至反对执行党的路线、方针、政策。二是发展对象本人的政治历史和在重大政治斗争中的表现。要审查清楚发展对象经历过几次重大的政治斗争，在每次政治斗争中的政治立场、思想倾向，对重大政治原则问题的态度、认识、行动等方面，能不能坚定地站在马克思主义立场上，能不能在思想上政治上行动上同党中央保持高度一致，能不能同一切不正确的思想观点进行批评教育，能不能同一切错误的行为进行积极的斗争。三是发展对象在自传中反映出的需要落实和审查的情况。对发展对象的上述政治审查内容要形成综合性的政审材料和结论意见（落款处须盖上党组织公章）。

当前对发展对象进行政治审查的主要内容

一是发展对象本人对党的路线、方针、政策的态度

二是发展对象本人的政治历史和在重大政治斗争中的表现

三是发展对象在自传中反映出的需要落实和审查的情况

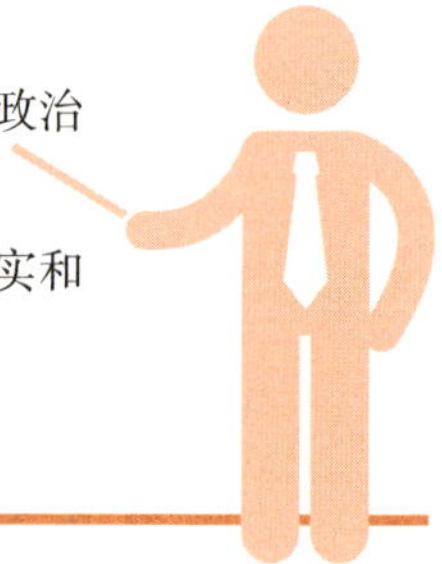

三、做好对预备党员的教育、考察和转正工作

党章规定，预备党员的预备期为一年。规定党员预备期，是为了对预备党员进行考察和教育，以保证党员的政治质量和党组织的纯洁

性。因为，一个人在入党以前，虽经党组织的考察了解和培养教育，但是他的入党动机是否端正，能不能认真履行党员义务，是否真正具备党员条件，还需要在他入党以后，通过参加党的工作和党的生活继续进行考察和教育。通过预备期的考察、教育，在预备期满时，党组织根据他的实际情况，决定他是按期转为正式党员，还是延长预备期，或是取消预备党员资格。这样，既加强了对党员的教育，也有利于防

预备党员的接收、教育、考察、转正工作流程

预　审及公示

1. 整理发展对象材料……………………党支部
2. 相关材料预审……………………党支部
3. 对发展对象进行公示……………………党支部
4. 公示无异议者，领取《中国共产党入党志愿书》……党委组织部

↓

预备党员的接收

1. 填写《中国共产党入党志愿书》……………………发展对象
2. 召开党支部党员大会，讨论接收预备党员……………………党支部
3. 同发展对象谈话……………………组织员
4. 上级党组织审查、审批……………………党总支
5. 党委盖章、备案……………………党委组织部
6. 公布……………………党支部

↓

对预备党员进行教育、考察

1. 组织预备党员宣誓……………………党支部
2. 给预备党员分配一定的社会工作……………………党支部
3. 参加党内组织生活、定期汇报思想……………………预备党员
4. 每季度列预备党员进行考察……………………入党介绍人、党支部

↓

预备党员的转正

1. 预备期满一年，提出转正申请……………………预备党员
2. 转正公示……………………党支部
3. 公示无异议者，召开转正大会……………………党支部
4. 审批转正申请和党支部委员会决议……………………党支部
5. 党委盖章、备案……………………党委组织部
6. 公布……………………党支部
7. 整理相关材料存档……………………党支部

止投机分子和不合格分子进入党内。党员预备期制度还有利于党员的党性锻炼和对党的基本知识的学习。

发展对象报上级党委审查（批）所需的材料：(1)《中国共产党入党申请书》；(2)《发展新党员对象培养考察登记表》；(3)《中国共产党入党志愿书》；(4) 本人自传；(5) 思想情况汇报；(6) 政审材料；(7) 吸收预备党员所在各党小组意见；(8) 发展对象公示情况登记表；(9) 社区公示登记表；(10) 入党积极分子培训证书；(11) 吸收预备党员党内外群众座谈会记录；(12) 接收预备党员票决情况汇总表；(13) 支部对拟吸收预备党员的综合考察报告。

【创新案例】

安徽长丰：把好“三关”抓实发展党员工作

近年来，长丰县坚持把发展党员工作作为加强党员队伍建设的重要抓手，严格按照“控制总量、优化结构、提高质量、发挥作用”的总要求，把好“入口关”“程序关”“培养关”，不断提升党员发展工作质效。

把好发展“入口关”，下好“先手棋”

提前摸排研判。对全县基层党组织入党申请人和入党积极分子储备情况进行全面摸排梳理，建立入党申请人、积极分子台账，实行季度动态更新，对全县拟发展对象年龄结构、性别比例、学历层次、职业分布等进行综合评估，切实做到“工作细、底数清、情况明”。截至目前，全县已储备入党积极分子 1308 人。

科学制订计划。将发展党员工作纳入全县党建工作重点任务，“清单式”“精细化”每季度定期分析研判，依据入党积极分子成熟状况，提出教育、培养和考察的具体措施，坚持“分领域、按指标、按结构”精准制订下达总量计划和结构计划至25个党（工）委，加强对计划执行情况的跟踪调度，根据需要及时调剂，及时调整优化发展策略。

优化发展结构。聚焦农村、非公等重点领域，注重吸收35岁以下、大专以上文化程度的优秀青年入党，优先发展在企业发展、基层治理、志愿服务等工作中表现突出的入党积极分子，同时注意在36—50岁优秀农民中发展党员，为党组织输送“新鲜血液”。

把好发展“程序关”，打好“主动仗”

从严规范程序。从入党申请开始，在入党积极分子的推荐确定、培养教育，发展对象的政审、公示，预备党员的接收、教育考察、公示和转正等关键环节上，严格履行发展党员“5个阶段25个步骤”程序，明确“路线图”与“时间表”。

从实协作联审。建立健全县级联审机制，制定出台《执纪执法部门联审要点》，组织县纪委监委、公安局、信访局等10个联审工作成员单位，对新发展党员进行全面“政治体检”，有效杜绝“带病入党”“异地入党”等现象发生，确保党的“新鲜血液”的“健康活力”。

从细考察把关。坚持把政治标准放在首位，通过《入党申请书》，看入党动机和态度；通过谈心谈话，看对党的认识和理解；通过思想汇报，看思想变化和觉悟提升；通过平时表现，看政治素质和修养，坚持“成熟一个，发展一个”“宁缺毋滥”的原则，织密入党“过滤网”。2021年以来，每半年抽查一次新发展党员程序情况，督促整改问题15个。

把好发展“培养关”，筑牢“成长链”

强化教育培训。坚持将教育培训贯穿发展党员的全过程，采取“集中学习+案例教学+座谈交流”相结合的方式，用好用活“北乡支部”“合肥杨庙革命纪念馆”等党性教育基地，举办入党积极分子和发展对象培训班，通过“看、听、写、考”等形式，增强教育培训效果。2024年以来，已举办1期发展对象培训班，参训人数137人。

健全帮带制度。建立健全“1+2”联系培养制度，充分发挥党员领导干部和优秀党员的“传、帮、带”作用，1名培养对象由2名政治素质较高、责任心较强、善于做思想教育工作的党员作为联系培养人，落实谈心谈话制度，及时掌握其思想动态，变“大水漫灌”为“精准滴灌”，有效提升发展党员培养实效。

搭建锻炼平台。每月发布《关于开展主题党日活动的提示》，积极动员申请入党人员、入党积极分子、发展对象参加主题党日学习、培训轮训、党纪学习教育，鼓励参与基层治理、乡村振兴、环境整治等工作，进一步在实践锻炼中加强党性修养。2024年以来，已累计发布《关于开展主题党日活动的提示》6期，组织入党积极分子和发展对象参与各类志愿服务活动200余场次，服务群众超1.6万人次。

（摘编自人民网－安徽频道2024年8月5日）

第四章

党员教育工作

XINSHIDAI

ZHUANZHI DANGWUGONGZUOZHE GONGZUO

SHIYONG SHOUCE

TUJIEBAN

党员教育工作，对于推动学习型、服务型、创新型马克思主义执政党建设和学习型社会建设，以中国式现代化全面推进中华民族伟大复兴，具有十分重要的意义。

一、党员教育的主要内容

新时代，需要对党员进行教育的内容很多，其基本内容如下。

1. 思想理论教育

组织党员认真学习马克思列宁主义、毛泽东思想、邓小平理论、“三个代表”重要思想、科学发展观、习近平新时代中国特色社会主义思想，推进“两学一做”学习教育常态化制度化，学习党的路线、方针、政策和决议，学习党的基本知识和党的历史。

2. 党性教育

这是党员教育区别于其他教育的显著特点，是贯穿党员教育始终的一条主线。要通过对党员进行爱国主义、集体主义、社会主义教育，进行党章、党纲的教育，使广大党员加强党性锻炼，不断增强党性。党务工作者要通过党员教育工作，采取有效措施，特别是通过共产党员先进性和纯洁性教育活动，切实增强党员的党性修养和党性锻炼的自觉性。

3. 党的路线、方针、政策的教育

党员的政策理论水平，主要体现在其对党的路线方针政策的正确认识和掌握运用上。党员所具备的政策理论水平，是党员发挥先锋模范作用的政治基础，决定着党员能否真正理解和自觉执行党的路线方针政策，在思想上政治上行动上同党中央保持高度一致。

4. 科学文化知识和专业知识教育

一般来说，党员教育的内容主要以思想政治教育为主，党的中心任务是团结带领全国各族人民全面建成社会主义现代化强国、实现第二个百年奋斗目标，以中国式现代化全面推进中华民族伟大复兴。因此，对党员不但要进行思想政治教育，还要进行科学文化知识和社会主义市场经济知识等方面的教育。

二、党员教育的方式方法

教育内容和党员的具体情况决定党员教育的方式方法。教育方法运用合理，就能得到事半功倍的效果。我们在做党员教育工作时，必须注意针对各种具体情况选取合适的方式方法。从各地的实践来看，党员教育的方式方法主要有如下几种形式。

1. 定期上党课

利用党课形式对党员进行经常性的教育，是党员教育工作中的主要方法。当前，党课应以习近平新时代中国特色社会主义思想为主要内容，将党章、党的二十大报告等文件作为基本教材，结合学习有关文件，采取集中授课的方法进行。党课教员可以由本支部的党员担任，也可以用外聘人员。讲授党课应紧密联系广大党员的思想实际，针对党员普遍关心的问题，进行积极正确的引导，努力解决党员的思想认识问题。党课要做到生动形象、深入浅出，要有吸引力。

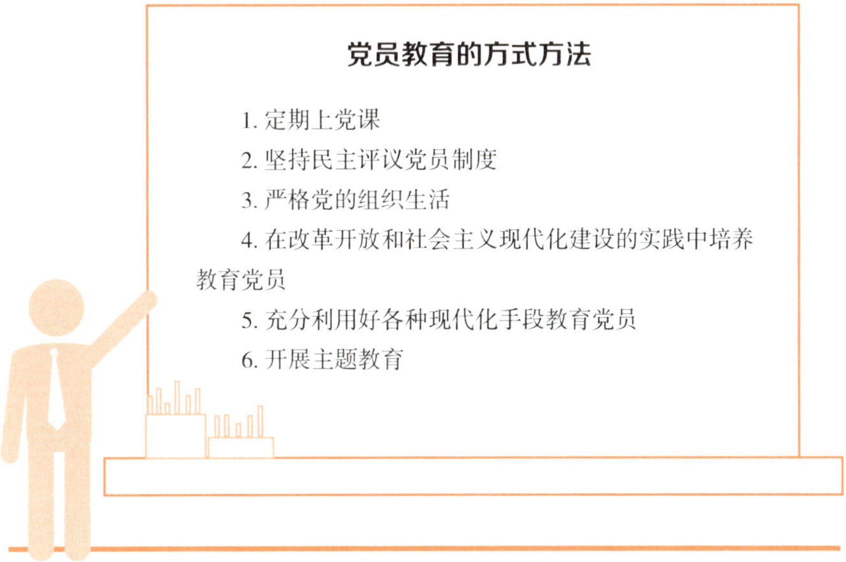

2. 坚持民主评议党员制度

民主评议党员，不仅是对党员进行管理的一种有效方式，又是对党员进行教育的一种好形式。通过对党员进行评议，不仅使党员看到了自己的长处和不足，而且能学到其他党员好的思想和行为，能够鞭策党员不断发扬自己的长处和优点，克服自己的不足和缺点。在进行党员教育时，要注意使用好该方法。评议的重点应是党员在改革开放和现代化建设中的表现和作用。评议时要从实际出发，简化手续，注重实际效果。

3. 严格党的组织生活

党的组织生活是培养党员组织观念、增强党性的重要措施，也是对党员进行教育的最经常最普通的方式方法。运用该方法时，应注重研究解决存在的突出问题，使党员真正从思想上受到教育和启发。要敢于开展批评与自我批评，坚持积极的思想斗争，努力达到提高认识、增强团结、共同进步的目的。通过组织生活对党员进行教育，应妥善安排，内容要精，时间服从质量，力求解决问题。

4. 在改革开放和社会主义现代化建设的实践中培养教育党员

可围绕两个文明建设开展多种活动，如党员联系户、党员责任区、党员义务服务日、党员带领群众致富等，形式可多种多样。通过这些活动，不仅可以培养教育党员，还可以增强党的吸引力和凝聚力。开展这些活动应围绕经济建设这个中心，为搞好物质文明和精神文明建设服务。在开展活动中都应注重实际效果，防止搞形式主义，使广大党员能够真正从这些活动中得到锻炼和提高。

5. 充分利用好各种现代化手段教育党员

党员教育应跟上时代前进的步伐，学会运用好现代化的教育手段，为做好党员教育工作服务。党员电化教育形象直观，感染力强，深受广大基层党员欢迎。党员远程教育频道已经开播，这个手段可以解决师资力量不足、授课范围不广等难以解决的问题。对新出现的一些可以利用的手段，如信息网络等，党务工作者都应认真学习，合理运用，不断提高党员教育工作的水平和质量。

6. 开展主题教育

党的十八大以来，以习近平同志为核心的党中央先后在党内开展了七次主题教育。第一次是2013年开展的党的群众路线教育实践活动，第二次是2014年开展的“三严三实”专题教育，第三次是2016年开展的“两学一做”学习教育，第四次是2019年开展的“不忘初心、牢记使命”主题教育；第五次是2021年开展的党史学习教育；第六次是2023年开展的学习贯彻习近平新时代中国特色社会主义思想主题教育；第七次是2024年开展的党纪学习教育。实践证明，集中一段时间，针对当前党员队伍建设中存在的突出问题，围绕专题开展教育活动，是对党员进行教育的好办法。通过主题教育，使广大党员全心全意为人民服务的宗旨观念进一步增强，基层党组织建设进一步巩固，各项工作得到进一步促进。

三、党员教育工作的基本程序

（一）党员理论学习

（1）党支部学习由党支部书记（或书记委托委员）主持，党支部全体党员参加，部分内容可吸收非党人员参加。

（2）主持人负责审定学习计划或学习内容，提出学习要求。

（3）宣传委员负责按要求提出学习内容，拟出学习计划，具体职责是：

一是负责拟订学习计划，提供学习所需的书籍、文件、辅导材料，对理论学习的内容、重点和研讨题目按照要求列出，并经主持人审查后印发或组织学习。

二是记录学习情况，建立学习档案。集中学习研讨时，负责学习研讨记录和考勤工作。

三是组织学习辅导。围绕学习专题，进行调查研究，编辑学习资料，邀请有关专家作辅导报告。

四是总结和经验推广。每年要对学习情况进行总结，及时整理、上报学习中的做法和体会。

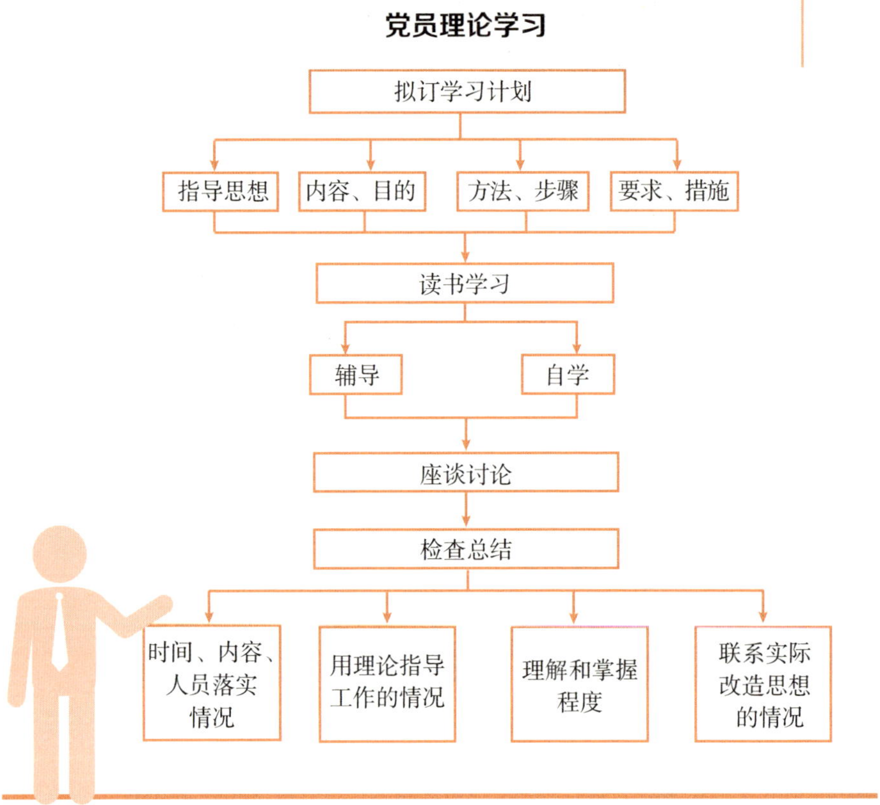

（4）党支部学习的内容。马克思列宁主义、毛泽东思想、邓小平理论、“三个代表”重要思想、科学发展观、习近平新时代中国特色社

会主义思想，党的路线、方针、政策和决议；党章和其他党内法规及党建方面的理论知识。

（5）党支部学习的形式。党支部的学习，采用集中学习、分散学习、自学、专题讲座、推荐文章（文件）、主题发言等形式进行学习。要把党支部学习与党组中心组学习有机结合，集中学习与工作安排有机结合。

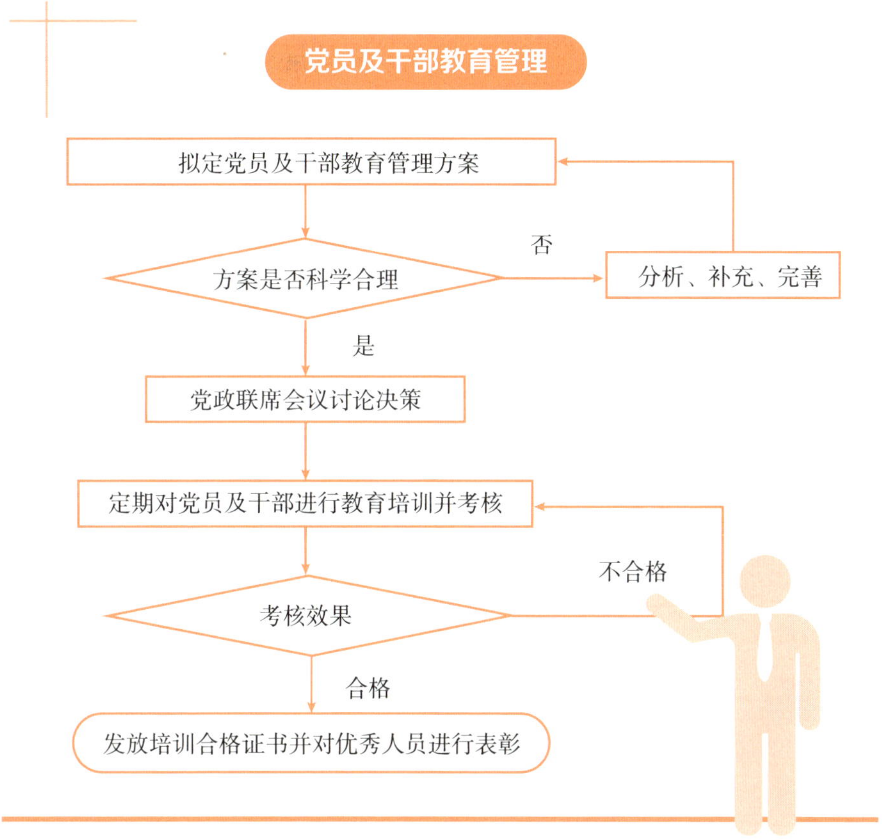

（二）党课教育

党课是以上课讲授的形式进行党的基本知识教育。这是我们党对党员和申请入党的积极分子进行教育的重要方式。党的各级组织通过党课，定期向党员和入党积极分子宣传党的路线、方针、政策；进行党性、党风、党纪和党的基本知识以及党的历史教育。

党课教育的流程

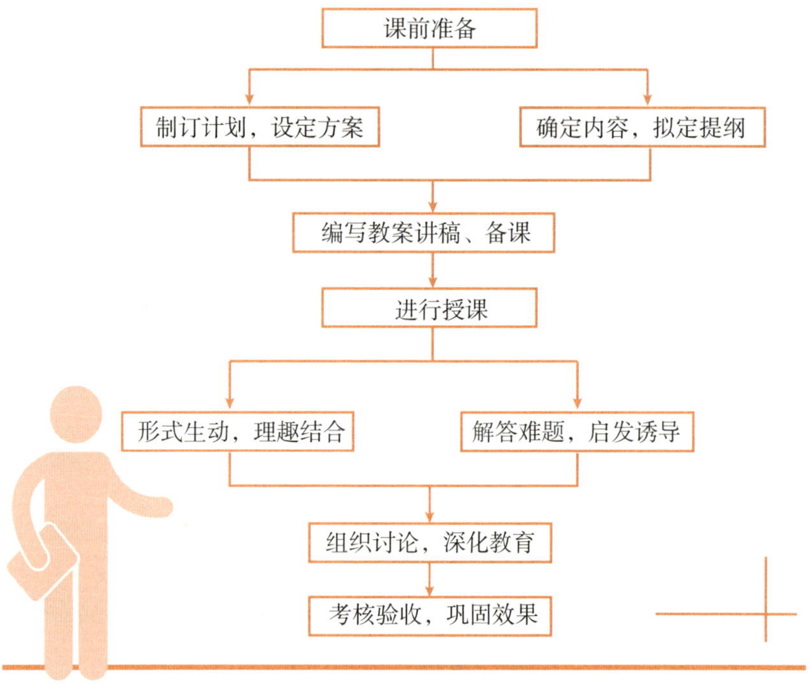

党课，主要是课堂讲授，除课堂讲授这一主要形式外，还可以根据实际情况采取其他形式。一般情况下，可以采取以下几种不同的形式：

（1）党课与电化教育相结合的形式。在党课教育中，配合电化教育手段，可以加深党课教育效果。用电化教育手段，将党的历史和党的建设方面的先进典型录制成党课教材进行播放，配合课堂讲授。

（2）党课与社会调查相结合的形式。通过党课进行形势教育时，不仅党课讲稿内容要理论联系实际，反映现实，而且可以结合课堂讲授，组织学员搞一些社会调查，走出课堂，到社会上讲授，然后再回到课堂，进行理论阐述。这样可以把党课上得生动活泼，使党员印象深刻，提高学习效果。

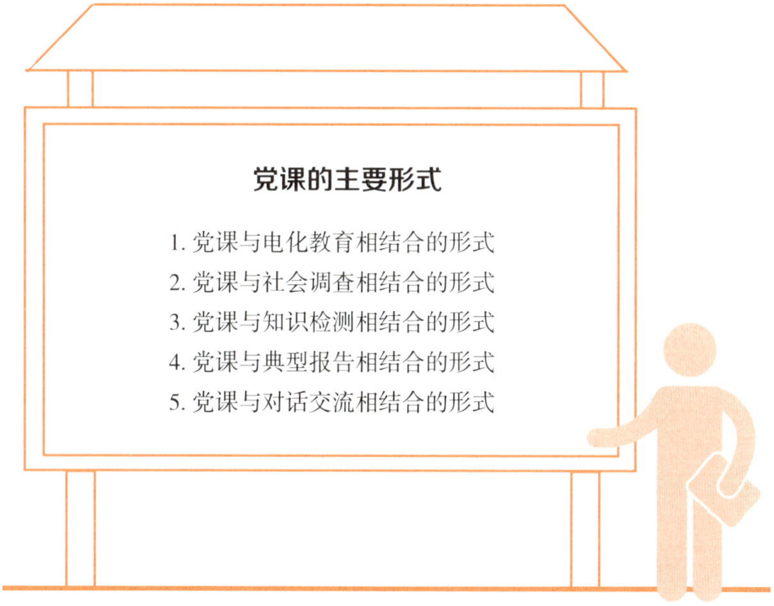

（3）党课与知识检测相结合的形式。在党课教育过程中，如果能够很好地利用知识检验这一形式，可以促进大家对听课的重视和学习的积极性。知识检验的形式可以灵活多样，可以在讲课之前，对大家这方面知识进行摸底；也可以在讲课中，对大家学习态度进行考核；还可以在讲课之后，对讲授效果和大家学习情况进行检测。

（4）党课与典型报告相结合的形式。有时，根据党课内容，可以把典型报告与上党课结合来进行，这样做，不仅改进了党课形式，而且大家容易接受、信服，效果比课堂列举一堆典型事例更好。

（5）党课与对话交流相结合的形式。党内对话是党课教育的新形式，这种新形式反映了党内平等协商、互相教育、共同提高的良好风气。它的实行，对于活跃党内的民主气氛，增强民主建设，沟通教育者与被教育者的思想感情，提高党课教育的质量是大有好处的。开展党内对话，一定要针对党员中带有普遍性、倾向性的问题，针对党员中议论的热点和自身不好解决的难点问题来进行。具体形式可以是党员领导干部与普通党员对话，也可以是老党员与新党员对话，还可以是先进模范党员与一般党员对话。

（三）党员思想汇报

思想汇报是申请入党的人或党员为了使党组织更好地了解自己的思想情况，自觉地争取党组织的教育和监督，定期用书面形式向党组织汇报自己的思想。格式有标题、称谓、正文、结尾、落款。写思想汇报，是结合自己的学习、工作和生活情况，向党组织反映自己的真实思想状况。具体内容根据每个人的不同情况而定。

（1）对马克思列宁主义、毛泽东思想、邓小平理论、“三个代表”重要思想、科学发展观、习近平新时代中国特色社会主义思想以及党的基本知识和党的历史的学习有所收获，便可以通过思想汇报的形式，将学习体会、思想认识上有新的提高及存在的认识不清的问题向党组织说明。

（2）对党的路线、方针、政策或一个时期的中心任务有什么看法，可以在思想汇报中表明自己的态度，阐明自己的观点。

（3）遇到国内外发生重大政治事件时，则要通过学习提高对事件本质的认识，旗帜鲜明地向党组织表明自己的立场。

党员思想汇报

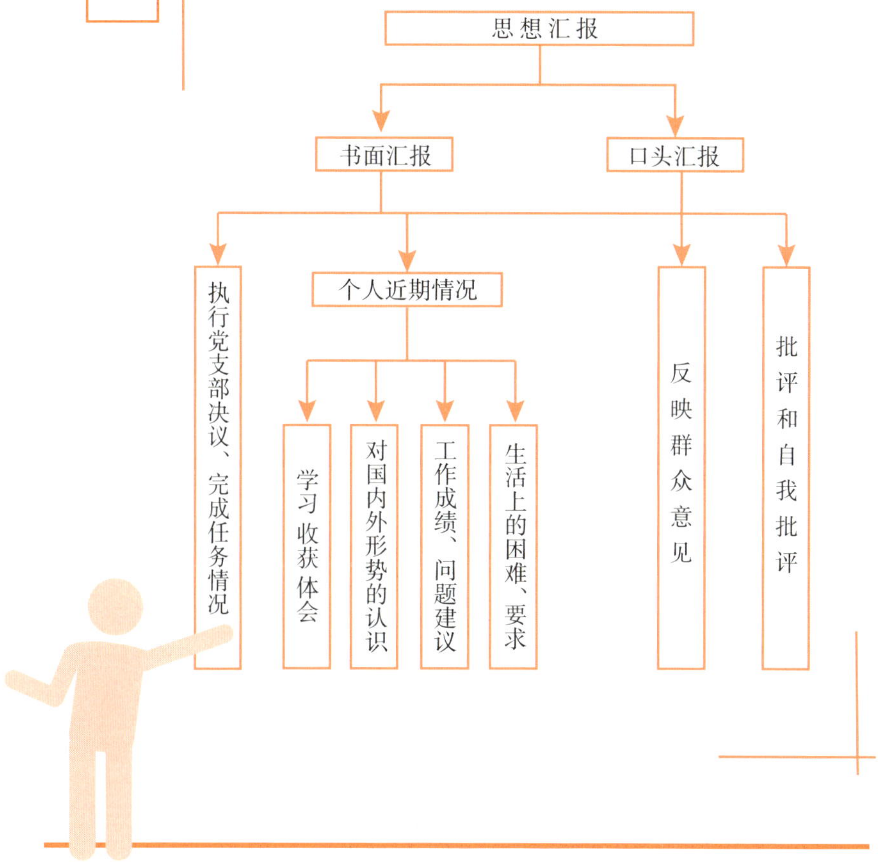

（4）在自己的日常生活中遇到了个人利益同集体利益、国家利益发生矛盾的问题，为了使党组织对自己最近的思想情况有所了解，就要把自己的思想状况有了哪些进步、存在什么问题以及今后提高的打算等写清楚。

在思想汇报的最后部分，可写上自己对党组织的请求和希望，如希望党组织加强对自己的培养和教育，指出今后的努力方向，等等。

（四）选树、宣传先进典型

（1）对先进典型的选树。在各行业各领域选准树对先进典型，充分发挥先进典型引领效应，是典型工作的首要环节。先进典型选得准，树得好，就能够产生很强的示范、鼓舞、引导效果。

选树、宣传先进典型

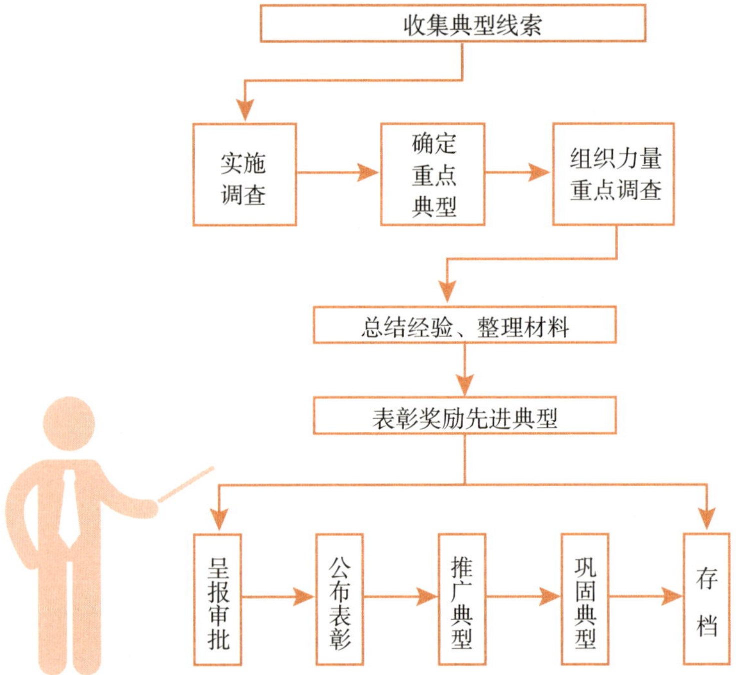

（2）对先进典型的宣传。对先进典型的宣传是典型工作的重要环节，也是我们每一位宣传工作者的重要任务。宣传的过程既是一个学习推介的过程，又是一个发挥先进典型作用的过程，宣传工作者要善于把握典型的先进属性与本职工作需要的结合点，坚持实事求是、准确宣传，用事实说话，引导人们认知先进典型优秀事迹，使人们受到教育和激励。

（3）对先进典型的推广。作为宣传工作者，我们要联系实际学习推广典型，这是运用先进典型推动各项工作的中心环节。在宣传工作中推广先进典型就要注重工作实效，要长期不懈地宣传报道先进典型，真正做到每选树一个先进典型，都对实际工作有推动作用。

【创新案例】

做好新时代党员教育培训“大文章”

新时代新征程，要以更高标准、更严要求、更实举措做好党员教育培训“大文章”，引导和激励广大党员想干事、能干事、干成事，在以中国式现代化全面推进强国建设、民族复兴伟业中发挥模范作用、贡献先锋力量。

走访摸底“大调研”，为党员“查明家底子”。党员胜任一项工作，需要掌握的本领是很多的，这就要求我们必须开展调查研究，了解党员“缺什么、补什么”“急需什么、先补什么”。积极开展“党员教育培训大访谈”活动，坚持到部门、镇街、村社等基层一线走访调研，有针对性地征集一些党员教育培训方面的意见建议，为有效破解党员成长成才难题提供基础资料。坚持突出精准性、实效性，会同职能部门深入分析研判，有针对性地制订计划，真正做到“横到边纵到底”，让党员教育培训有“土味”、有“党味”、有“趣味”。建立健全思想汇报、定期谈话、年末述职等制度，以“蹲下去看蚂蚁”、少走“经典路线”的态度开展调查研究工作，加强追踪管理、动态评测，切实精准掌握党员的成长经历、工作动态，为党员教育培训提供最有效的

“真经”。

理想信念“大塑造”，为党员“找准心眼子”。理想信念是立党兴党之基，也是党员安身立命之本。持续巩固党的十八大以来开展的一系列集中学习教育成果，用实用活用好学习强国、共产党员网、当地党建网等信息化平台，推动党的创新理论学习往深里走、往实里走、往心里走。积极组织参观红色纪念馆、党性教育实践基地、爱国主义教育基地，接受红色精神洗礼和党性锻炼，通过走一段长征路、上一堂党史课、吃一顿红米饭、扫一次烈士墓等活动引导广大党员传承红色基因、筑牢政治思想防线，不断提高自身的政治敏锐性、洞察力和鉴别力，切实把旗帜鲜明讲政治体现到具体行动上。引导党员做到理想坚定、党性坚强，牢固树立和践行正确政绩观，时刻铭记为民造福是最大政绩，切实勒紧道德“缰绳”、系牢法纪“扣子”，真正以理想信念“铸魂”“定向”“守心”。

理论武装“大强化”，为党员“丰富脑瓜子”。欲揽“瓷器活”，必先练就“金刚钻”。广大党员只有加强理论学习、厚实理论功底，方能用新时代党的创新理论观察新形势、研究新情况、解决新问题。严格落实“第一议题”制度，不断创新学习模式、优化制度机制，以“线上＋线下”为基准，通过采取集中学习与分散自学相补充、教育辅导与交流讨论相结合的方式，灵活安排学习活动，充分调动党员学习积极性，不断提高学习质效。充分利用中央及省市区级党校及其他党员教育培训机构，围绕提升党员理论素质和创新思维方式方法，综合运用讲授式、案例式、研究式、论坛式、互动式、现场体验式、情景模拟式等教学模式和方法，结合具体工作实际进行理论阐述和政策解读，谈感想、说体会、述打算，引导广大党员在学习中思考、在思考中学习，不断“充电补钙”“加油鼓劲”。

能力素质“大提升”，为党员“撑起腰杆子”。内无妄思则外无妄动。党员勤掸“思想尘”、多思“贪欲害”、常破“心中贼”，方能挺得直、走得正、行得远。持续巩固党纪学习教育成果，把《中国共产党廉洁自律准则》和《中国共产党纪律处分条例》作为党员教育培训经常性教育内容，引导广大党员牢固树立纪律意识和规矩意识，带头遵守党纪党规，清清白白做人、干干净净做事。定期开展廉政文化教育活动，通过趣味性、互动性活动引导广大党员严格落实全面从严治党各项要求，力戒形式主义、官僚主义，切实把学习成效转化为精准发力、破解难题的思维模式，转化为开拓创新、攻坚克难的能力本领，转化为履职尽责、争先进位的实际行动，真正把初心使命作为“衣冠镜”，校准对党忠诚的政治“标准像”，不断坚定政治方向、扛起政治责任，自觉做政治上的“明白人”“老实人”。

（摘编自人民论坛网 2024 年 12 月 5 日，作者：张乃荣）

第五章

党员管理工作

XINSHIDAI

ZHUANZHI DANGWUGONGZUOZHE GONGZUO

SHIYONG SHOUCE

TUJIEBAN

党员管理是党的组织按照党的纲领和章程，运用一定的形式和手段，对党员进行教育、管理、监督和服务，提高党员素质，坚定理想信念，增强党性，严格党的组织生活，开展批评和自我批评，维护和执行党的纪律，监督党员切实履行义务，保障党员的权利不受侵犯。

一、党员管理工作的主要内容

党员管理工作的内容是党要管党的原则和全面从严治党精神的具体体现。它的内容十分广泛，概括起来有以下几个方面：

（1）严格党的组织生活，对党员进行经常的教育、监督。保证每一个党员都能过严密的组织生活，以增强党的观念，加强党性锻炼，提高政治觉悟和思想水平，努力做一个合格党员。

（2）严格按照党章规定的党员条件做好吸收优秀分子入党的工作，搞好党员队伍建设。

（3）坚持民主评议党员制度，教育党员认真履行党员义务，正确行使党员权利，充分发挥党员在生产、学习和社会生活中的先锋模范作用。

（4）了解和掌握党员基本情况，关心党员的成长和进步，帮助他们解决生产、生活中遇到的实际困难，及时解决党员中带有倾向性的问题，充分调动党员的积极性。

（5）贯彻全面从严治党精神，执行党的纪律，保持党的纯洁性，对违犯党的纪律的党员，本着惩前毖后、治病救人的精神，按照错误性质和情节轻重，给予批评教育直至党纪处分。对严重违犯政纪国法的党员，除受到行政机关或司法机关依据政纪或法律作出的处理外，还必须给予必要的党纪处分直至开除党籍。在坚持党员标准的前提下，做好妥善处置不合格党员的工作。

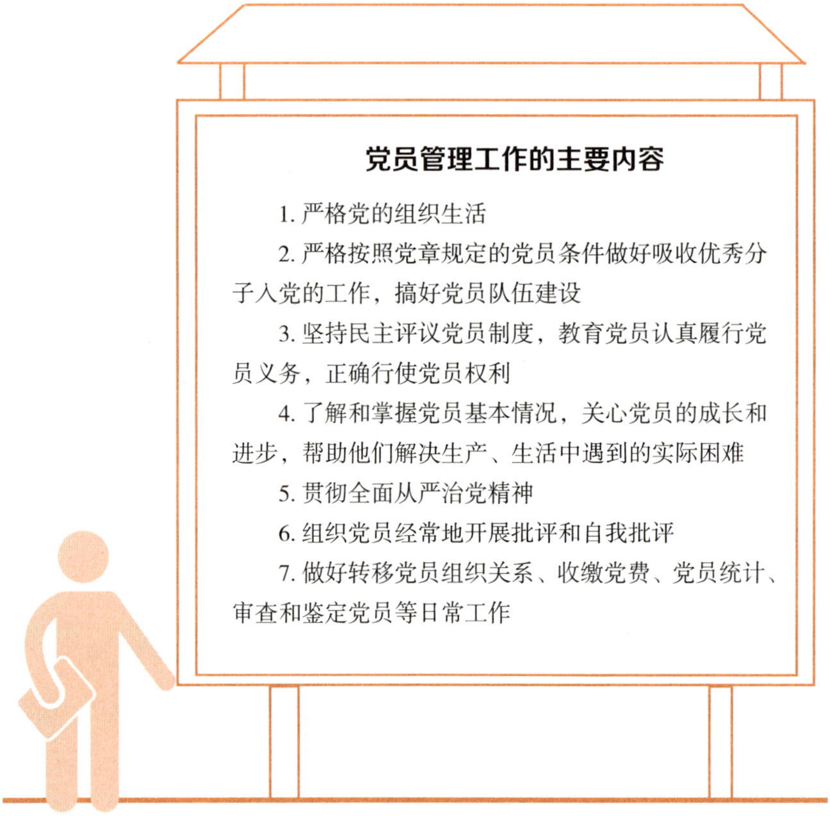

（6）组织党员经常地开展批评和自我批评，增强党内团结，密切党群关系，发扬正气，抵制歪风。开展“创先争优”活动，鼓励表彰先进，教育帮助后进，使党支部成为坚强的战斗堡垒。

（7）做好转移党员组织关系、收缴党费、党员统计、审查和鉴定党员等日常工作。

二、党员管理工作遵循的原则

1. 坚持党要管党、全面从严治党的原则

全面从严治党是在新的历史条件下党的建设的基本方针，是对党员队伍进行教育、管理、监督和服务的一个重要原则。首先，通过加强党员管理，使党员增强党员意识，自觉坚持党员标准。对那些不履行党员义务，徒有其名的党员，经过多次教育仍不能改正的，要劝其退党，或者从党内除名。其次，通过加强党员管理，维护和保障党的

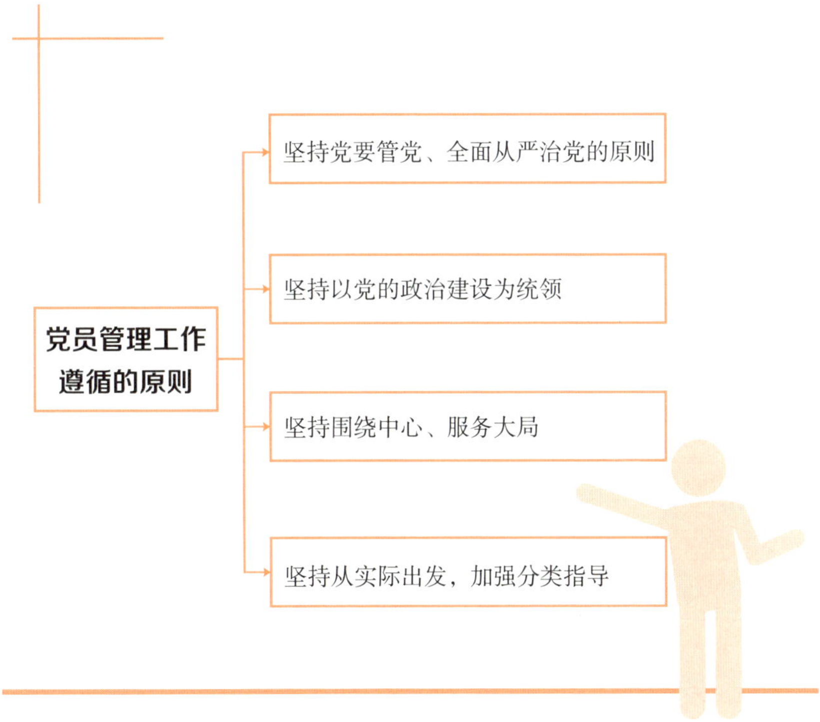

纪律的严肃性和权威性，不管是谁违反了党的纪律，都要按照党章的规定，毫无例外地受到党的纪律的制裁。最后，通过加强党员管理，建立严格的约束机制，使党员特别是党员领导干部自觉地接受党内外群众和党组织的监督。

2. 坚持以党的政治建设为统领

坚持以党的政治建设为统领，要突出党性教育和政治理论教育，引导党员遵守党章党规党纪，不忘初心、牢记使命。这里直接给出了两种教育的方式，即党性教育和政治理论教育。落实坚持以党的政治建设为统领的原则就必须抓好党性教育和政治理论教育。这既是党员教育的内容，也是党员管理的内容。

3. 坚持围绕中心、服务大局

坚持围绕中心、服务大局，必须以党员管理工作的实际效果，来保证党的理论和路线方针政策、党中央决策部署的贯彻落实，只有这样，才能在贯彻落实党的理论和路线方针政策的过程中不偏离坚定正确的政治方向。

4. 坚持从实际出发，加强分类指导

坚持从实际出发，加强分类指导，这就要求结合党员队伍的差异、党组织的差异来开展管理工作：一要尊重党员主体地位；二要充分发挥党支部直接教育、管理、监督党员作用。这表明党中央在抓党员管理工作方面给了党员和党支部更大的活动空间。

三、党员管理工作的基本方法

党员管理工作经过长期的探索和实践，在新时代广泛采用了以下几种方法和途径：

1.“三会一课”

“三会一课”是指党支部应当组织党员按期参加党支部党员大会、党小组会和上党课，定期召开党支部委员会会议。“三会一课”应当突出政治学习和教育，突出党性锻炼，以学习习近平新时代中国特色社会主义思想为主要内容，结合党员思想和工作实际，确定主题和具体方式，做到形式多样、氛围庄重。“三会一课”是党的组织生活的基本形式，认真坚持“三会一课”，对于健全党的组织生活，严格党员管理，加强党员教育，提高党员素质，加强基层党组织的战斗力，都有重要作用。

2. 党员领导干部的双重组织生活会

根据党章和党内有关规定，党员领导干部既要参加所在单位党支部、党小组的组织生活会，又要参加定期召开的党员领导干部的民主生活会。双重组织生活，对党员领导干部加强党性锻炼、增进思想交流、加强民主监督、改进工作具有重要意义。

3.“创先争优”活动

“创先争优”活动主要是指党内创建先进基层党支部，争当优秀共产党员的活动。这是在广大基层党组织中广泛开展而又行之有效的一种组织活动形式。这项活动要制定出既有先进性，又切实可行的评选条件，努力在“争创”上下功夫，定期评选表彰，以激励党员奋发进取，建功立业。

4. 党员目标管理

党员目标管理是近年来各地在加强党员队伍建设中广泛采用的一种管理方法。这种管理方法要求党组织按照党章的规定，结合本单位的工作和党员个人的实际情况，提出和议定党员在一个时期内履行党员义务、发挥党员作用方面的具体目标，通过定期检查、考核，来督促和激发党员更好地发挥先锋模范作用。这种方法在实践中取得了积极的效果，应不断总结和完善。

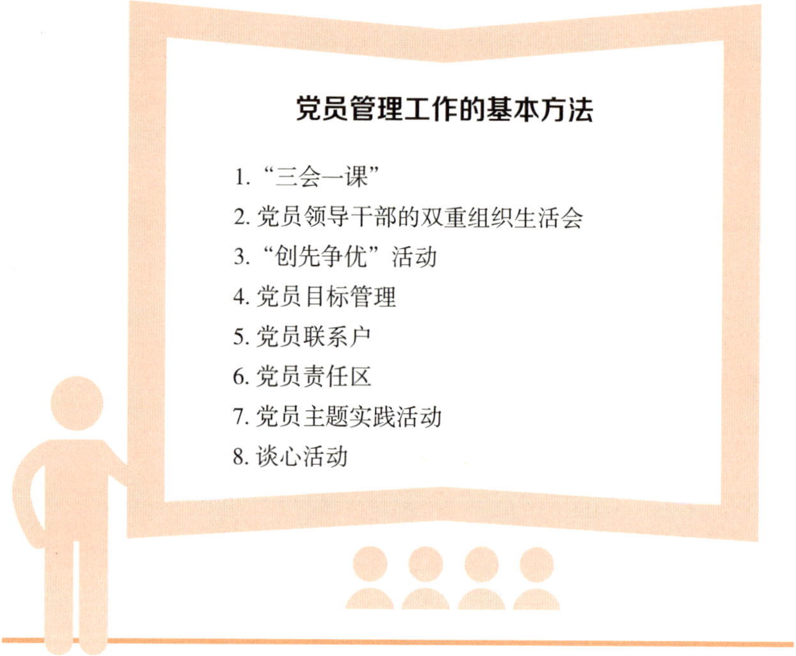

5. 党员联系户

这是农村党员联系群众，发挥先锋模范作用的一种形式。具体内容是，党的基层组织分配每个党员经常联系一户或几户非党群众，向他们宣传党的路线、方针、政策，了解他们的思想、生产、生活等方面的情况，帮助带动他们勤劳致富，及时向党组织反映他们的意见和要求。

6. 党员责任区

所谓党员责任区，主要是企业党组织根据党员的不同工作岗位、工作性质、实际能力和活动范围，把需要党员承担和完成的各种生产指标、行政事务、社会工作以及基层党组织分配的各项任务有机地结合在一起，以责任制的形式落实到每个党员中，从而形成以一个或几个党员为主体，以一定数量的群众为对象，以一定的区域为活动范围的党员责任区。

7. 党员主题实践活动

党员主题实践活动是基层党组织在党员教育管理中，有目的、有领导、有计划地组织党员结合行业特点和本单位的工作实际，围绕改革开放和经济建设而开展的一系列旨在增强党员党性、提高党员素质、发挥党员先锋模范作用、推动经济发展的党内活动。这类活动把党员教育管理的内容和方法融为一体，在党员教育管理工作和经济建设之间架起了一座桥梁，为党员发挥模范作用提供了广阔的舞台，受到党员和群众的普遍欢迎。

8. 谈心活动

《中国共产党支部工作条例（试行）》规定："党支部应当经常开展谈心谈话。党支部委员之间、党支部委员和党员之间、党员和党员之间，每年谈心谈话一般不少于1次。谈心谈话应当坦诚相见、交流思想、交换意见、帮助提高。"同志之间比较深入地相互交谈，是交流思想、交换意见的一种有效方式。谈心活动有集体谈心和个别谈心两种形式。谈心的目的在于沟通思想，统一认识，解决矛盾，互相帮助，增强团结，做好工作。谈心一定要以诚相见，以心换心，还要有搞好团结、解决问题的愿望和实事求是的精神。

【创新案例】

淳化县：强化党员分类管理　激发党员生机活力

近年来，陕西省淳化县积极探索党员教育管理新模式，根据不同领域、不同年龄、不同类别党员特点，分类管理、精准施策，不断提升党员教育管理的科学化水平。

让在职党员“在岗有作为”。落实党员领导干部直接联系群众制度，结合“走村入户”常态化机制和党支部工作联系点工作，充分发挥党员领导干部模范带头作用。组织党员干部入户走访，与群众面对面沟通交流，精准把握群众的新诉求、新问题、新期待，形成在基层一线发现并解决问题的常态化机制，进一步推深做实农村基层党建工作。开展在职党员承诺践诺行动，每名在职党员立足本职工作，根据自身的能力特点、岗位要求、资源优势，制定1条以上内容具体、可操作性强的承诺事项，在便民服务、乡村振兴等领域主动公开承诺践诺事项，进一步彰显先锋模范作用。

让无职党员“定岗有所为”。积极开展党员“亮身份、亮承诺、亮行动”活动，按照“依需设岗、因事定岗”的原则，合理设置政策宣传、便民服务、环境整治等多种功能的“党员先锋岗”，对无职党员进行岗前培训，明确岗位职责和履职要求，激励广大无职党员强化党员意识、榜样意识，用实际行动带头冲锋在乡村振兴、基层治理第一线。实行党员积分制管理，制定《淳化县农村（社区）党员积分制管理办法（试行）》，党员可以通过参与村级各项工作获得积分，针对年度积分较高的党员，优先推荐优秀党员、最美家庭等先进典型评选，切实激发无职党员的积极性、主动性。

让流动党员“离乡不离党”。通过入户走访、电话联系等方式进行核实摸排，进一步了解流动党员流动时间、流动地点、现工作职务、联系方式等基本信息，建立流动党员动态信息库；明确每名镇村干部结对联系 2—3 名流动党员，常态化开展联络沟通，及时掌握流动党员思想状态和工作生活等情况，动态化更新流动党员管理台账，保证流动党员管理底数清、情况明、数据实。打造“云间课堂”，制定流动党员“学习计划”，依托陕西党建网、学习强国 App、淳化先锋公众号等线上学习平台，利用微信群、电子邮箱定期推送学习资料，帮助流动党员及时掌握党的最新理论知识，确保流动党员学习“不断档”，管理“不掉线”。

让退休党员“余热建新功”。常态化开展“线上 + 线下”送学活动，线上依托咸阳老干部公众号、微信群等平台，线下利用支部活动中心、老年大学等固定场所，组织老党员开展政治理论学习。组织引导身体素质过硬、精神状态良好的退休党员加入“夕阳红”志愿服务队，积极参与和美乡村建设、移风易俗宣传、矛盾纠纷化解等工作，以实际行动发挥正能量。持续完善困难帮扶工作制度，对身患重病、高龄、失能等有特殊困难的退休党员，定期上门提供卫生保洁、心理辅导、健康体检等服务，进一步强化对老党员的关心关爱。

（摘编自陕西党建网 2024 年 3 月 12 日，作者：淳化县委组织部）

第六章

党的纪检工作

XINSHIDAI

ZHUANZHI DANGWUGONGZUOZHE GONGZUO

SHIYONG SHOUCE

TUJIEBAN

党的纪律检查工作是党务工作的重要组成部分。党的纪律是党的各级组织和全体党员必须遵守的行为规则，是维护党的团结统一、完成党的任务的保证。党组织必须严格执行和维护党的纪律，共产党员必须自觉接受党的纪律的约束。

一、党的纪律的主要内容

《中国共产党纪律处分条例》(以下简称《条例》)，将党的纪律进行了整合，包括政治纪律、组织纪律、廉洁纪律、群众纪律、工作纪律、生活纪律。

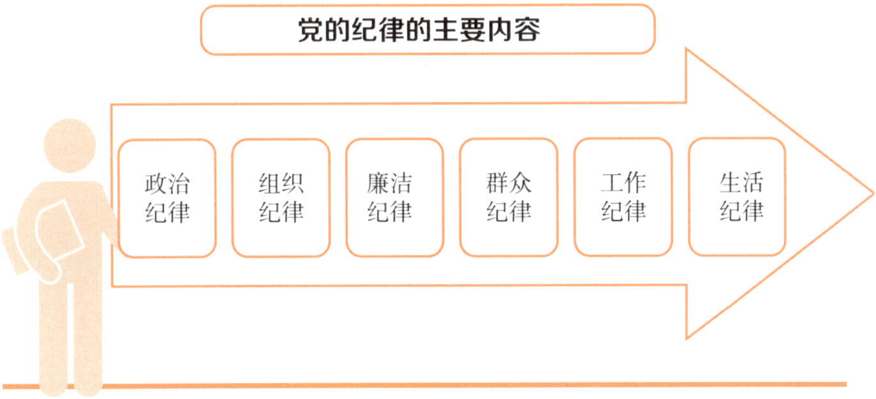

政治纪律，是党根据不同历史时期政治任务的要求，对各级党组织和党员的政治活动和政治行为确定的基本规范，是各级党组织和党员在政治生活中必须遵循的行为准则。它要求各级党组织和党员必须在政治立场、政治方向、政治原则、政治道路上同以习近平同志为核

心的党中央保持高度一致，在重大政治斗争中要立场坚定，在重大原则问题上要旗帜鲜明，在贯彻党的路线、方针、政策时要坚定不移。我们讲政治纪律，首要的一条，就是要坚持党的基本理论、基本路线、基本方略不动摇，坚持马克思列宁主义、毛泽东思想、邓小平理论、“三个代表”重要思想、科学发展观和习近平新时代中国特色社会主义思想不动摇。

组织纪律，是党的各级组织和党员必须遵循的旨在维护党团结统一的行为准则。民主集中制是我们党的根本组织制度和领导制度，也是根本的组织纪律。违犯集中指导下的民主和违犯民主基础上的集中，都是违犯组织纪律的行为。所有的党组织和党员都必须严格遵守党的组织原则，切实做到党章所规定的“党员个人服从党的组织，少数服从多数，下级组织服从上级组织，全党各个组织和全体党员服从党的全国代表大会和中央委员会”。决不允许把自己管理的地方、部门或单位搞成不听中央统一指挥、不受党组织约束和党员监督的“领地”。各级党委都必须认真执行党委会的工作规则，做到集体领导、民主集中、个别酝酿、会议决定。不论什么人，不管其职位高低，都不允许搞独断专行，或者拒绝组织的调遣和监督，把自己凌驾于党组织之上。

廉洁纪律，是党组织和党员在廉洁自律方面必须遵循的规范和准则。我们党将“建设廉洁政治、坚决反对腐败”提高到“加强和规范党内政治生活的重要任务”的高度。加强廉洁自律，执行廉洁纪律，首先要坚定理想信念，补足精神之“钙”；其次是强化宗旨意识，站稳群众立场；再次是严明纪律和规矩，做政治上的“明白人”；最后是强化廉政教育，培育廉洁价值理念。

群众纪律，是指党组织和党员在群众工作中必须遵循的规范和准则。群众纪律，是密切党同人民群众关系的重要保证。它要求各级党组织和每个共产党员，必须坚持党的全心全意为人民服务的宗旨，随时随地维护人民群众的利益，不允许以任何借口、任何形式侵占和损害人民群众的利益。历史经验反复证明，什么时候群众纪律执行得好，党群关系就密切，我们的事业就顺利发展；什么时候群众纪律执行得不好，党群关系就受到损害，我们的事业就遭受挫折。

工作纪律，是党组织和党员在党的各项具体工作中必须遵循的行为规则，是党组织和党员依规开展各项工作的重要保证。党的工作内容十分丰富，包括宣传工作、教育工作、组织工作、纪律检查工作、群众工作等。保证党的各项工作顺利进行离不开严明的工作纪律。

生活纪律，是党员在日常生活和社会交往中应当遵守的行为规则，涉及党员个人品德、家庭美德、社会公德等各个方面，关系着党的形象。党员不仅在生产、工作和学习上起到先锋模范作用，在社会生活和家庭生活方面也应起到先锋模范作用。

二、党的纪律检查机关的主要任务

党的各级纪律检查委员会是党内监督专责机关，它的主要任务是：

第一，维护党章和其他党内法规。其中包括检查党章和其他党内法规中所规定的党员的义务是否得到履行、维护党章和党内法规赋予党员及党组织的权利，检查这些权利是否落到实处两大方面。

第二，检查党的路线、方针、政策和决议的贯彻执行情况。坚决贯彻执行党的路线、方针、政策和决议，坚定地在思想上政治上行动上同以习近平同志为核心的党中央保持高度一致，这是在新的历史时期每个共产党员和所有党组织都必须严格遵守的政治纪律。把检查党的路线、方针、政策和决议的执行情况，作为纪检机关的主要任务之一，对于端正党风、严肃党纪、增强党的战斗力，具有重要意义。

第三，协助党的委员会推进全面从严治党、加强党风廉政建设和组织协调反腐败斗争。党的纪律检查机关不仅要处理违法和违反政纪的案件，而且要集中力量管好党纪，组织协助党委抓好反腐败斗争。这是新时代党的建设对纪律检查工作提出的新要求。

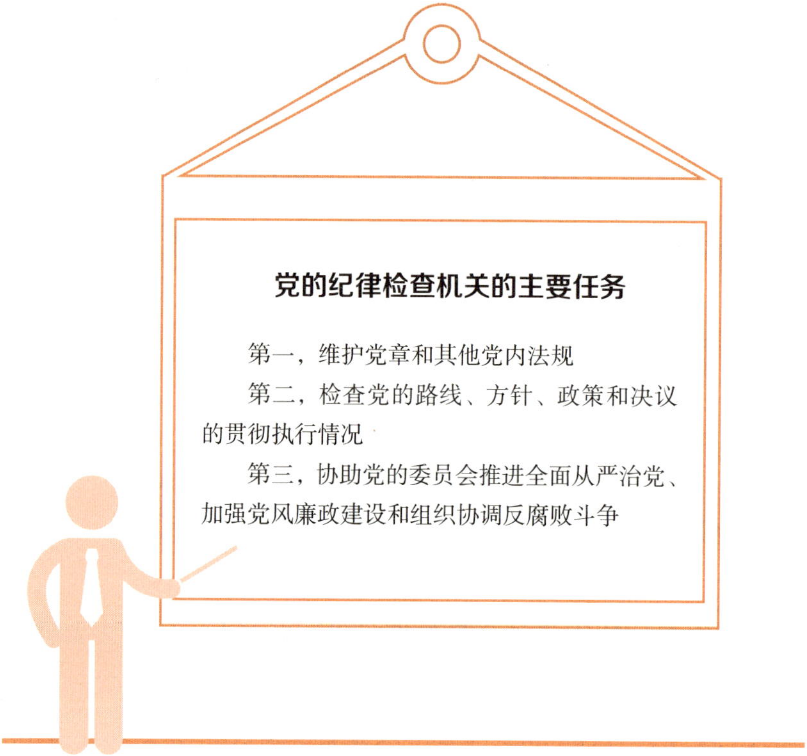

纪检部门协助党委搞好党风廉政建设及反腐败斗争的主要工作：一是对党风状况进行深入细致的调查研究，深入研究新形势下开展党风廉政建设和反腐败斗争的特点和规律，向党委提出切实可行的整顿措施，支持一切有利于社会生产力发展的事物和行为，纠正和克服不

利于社会生产力发展的错误的思想和行为；二是配合党的宣传、组织等部门，向党员进行共产主义理想和党性党风党纪教育，整顿党的各级组织，敢于碰硬，严厉惩处腐败分子和各种违法乱纪的人，做到是非分明，赏罚严明，弘扬正气，打击邪气；三是经常检查各级党组织和党员贯彻执行党章和其他党内法规的情况，采取一定的形式进行党风党纪的检查；四是把打击经济领域中严重犯罪活动的斗争同整顿党风结合起来；五是纪律检查、案件审理、来信来访等工作，都要围绕严肃党纪、搞好党风这个中心来进行。

三、党的纪检工作的方式方法

有效履行职责，促进习近平新时代中国特色社会主义思想的贯彻落实，实现纪检监察工作“有为、有位、有威”，是纪检监察干部的重要任务。

一是讲政治，把握全局。纪检监察工作是一项政治性、政策性很强的工作。所以，在政治纪律方面，我们必须讲政治、讲正气，识大体、顾大局，善于从政治上、全局上观察和处理问题，在大是大非和重大考验面前，要旗帜鲜明，立场坚定。在组织原则方面，要自觉接受同级党委和上级纪委的双重领导，特别是要自觉接受上级纪委的领导，认真贯彻落实上级纪委的工作部署和要求，及时汇报工作，畅通联系渠道，加强信息反馈，服从工作安排，坚决完成任务，从而保证纪检监察工作“一盘棋”。

二是讲原则，注意策略。当前，诸多矛盾相互交织，各种思想和利益相互激荡，纪检监察工作面临着许多复杂情况和尖锐矛盾。作为纪检监察干部特别是领导干部一定要保持清醒的头脑，既要有坚定的党性原则，刚正不阿，秉公执纪，又要有较高的政策水平，讲究策略，注意方法。例如，在查办违纪违法案件方面，既要坚持原则又要敢于碰硬。另外，在处理违纪违法党员、干部方面，也要本着惩前毖后、治病救人的精神。总之，查办案件并不是单纯地处理人，也不是处理得越重越好，要通过查办案件达到“支持改革者，保护创业者，批评空谈者，惩治腐败者，追究诬告者”的多重效果，加强纪检监察机关的威信。

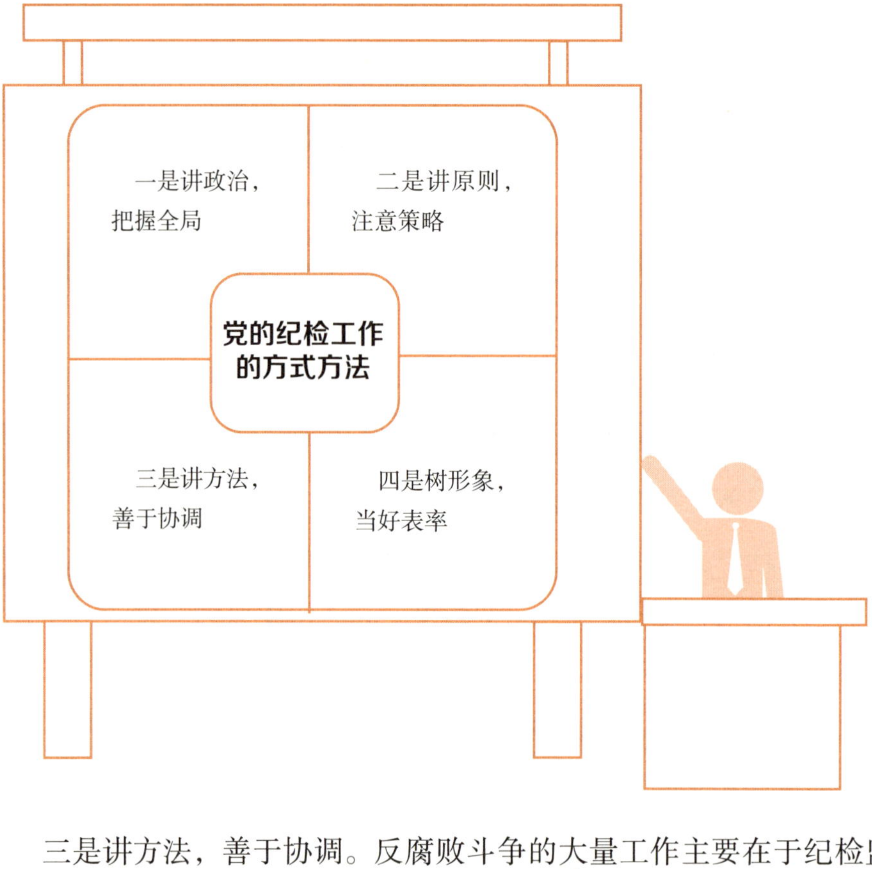

三是讲方法，善于协调。反腐败斗争的大量工作主要在于纪检监察机关牵头抓总、组织协调，作为纪检监察干部，必须学会协调，不

仅要敢于协调，还要善于协调。纪委书记、纪检组组长协助党组织抓党风廉政建设和组织协调反腐败工作，要把主要精力放在重点工作上，协助党组织通盘谋划党风廉政建设和反腐败斗争的宏观任务，针对全局性重点问题，及时提出对策和建议；要抓好反腐倡廉工作的部署和任务分解，积极发挥职能部门的作用，督促他们按照各自的职责开展工作；要积极主动地进行组织协调，健全和完善工作机制，将各方面的力量整合起来，形成协同作战、相互配合的局面，进一步增强反腐倡廉的整体合力。

四是树形象，当好表率。作为执纪监督人员，自己的一言一行更为别人所关注。“打铁必须自身硬。”我们只有严格要求自己，才能理直气壮地抓党风廉政建设，才能理直气壮地惩治腐败，狠刹不正之风。所以纪检监察干部一定要带头管好自己，不断强化自律意识，经常对照检查，做到上级有明文规定的坚持执行，要求别人不做的自己首先不做。注重从小事做起，从一点一滴做起，带头执行廉洁自律各项规定，带头遵守党纪政纪条规，以身作则，时时处处起模范带头作用，自觉接受来自各方面的监督，以严谨的工作作风、务实的工作精神、清廉的处世原则，建立纪检监察干部的良好形象。

四、党的纪检工作的程序

（一）案件的受理

纪检监察机关对检举控告以及发现的下列违纪问题予以受理。

1. 受理范围

任何组织和个人对以下行为，有权向纪检监察机关提出检举控告：

（1）党组织、党员违反政治纪律、组织纪律、廉洁纪律、群众纪律、工作纪律、生活纪律等党的纪律行为。

（2）监察对象不依法履职，违反秉公用权、廉洁从政从业以及道德操守等规定，涉嫌贪污贿赂、滥用职权、玩忽职守、权力寻租、利益输送、徇私舞弊以及浪费国家资财等职务违法、职务犯罪行为。

（3）其他依照规定应当由纪检监察机关处理的违纪违法行为。

同时，纪检监察机关对反映的以下事项，不予受理：

（1）已经或者依法应当通过诉讼、仲裁、行政裁决、行政复议等途径解决的。

（2）依照有关规定，属于其他机关或者单位职责范围的。

（3）仅列举出违纪或者职务违法、职务犯罪行为名称但无实质内

案件的受理

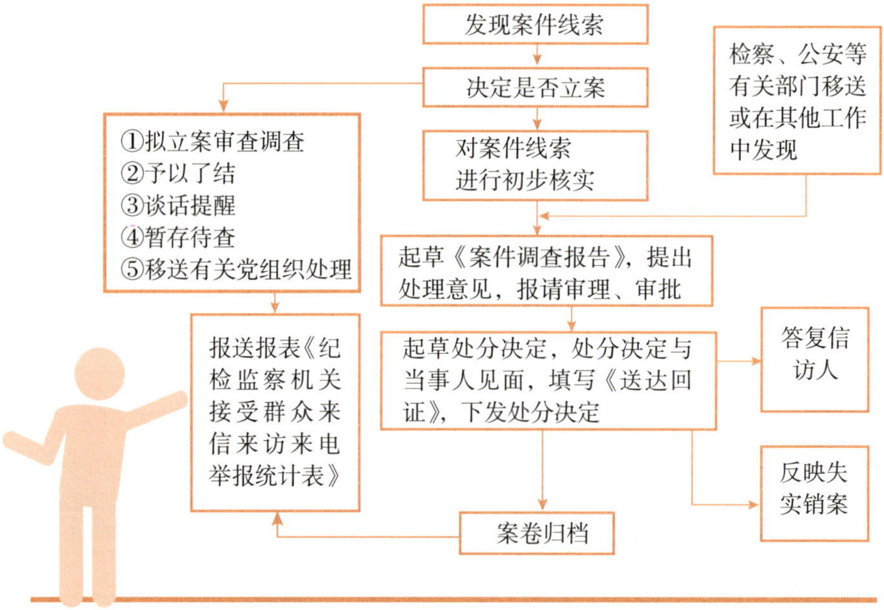

容的。

2. 受理形式

（1）书面形式，案件受理以书面形式为主，有检举信、控告信等。

（2）口头形式，对直接用口头方式向纪检机关检举或控告的，纪检人员应如实做好笔录情况，经核对无误后，由来访人签名、盖章或押印，如是电话举报，接话人应认真做好笔录，及时向领导汇报并采取措施查证。

（3）录音、录像形式，反映者用录音、录像等检举材料，应记录材料的来源及举报人的姓名、工作单位、住址和要求，并注意鉴别材料的真伪。

3. 受理要求

一要认真负责，二要及时办理，三要保守秘密。

4. 受理程序

（1）受理材料的接受。应逐一填表登记备查，登记的内容有：收到时间，受理来源，举报人的姓名、单位、职务、职业、联系电话、地址，反映问题的内容，涉及人员的姓名、单位、身份，领导批示及其他有关内容。承办人员对受理的材料原件要编号存放。受理交办、批办、移送的案件，必须有书面依据。

（2）受理材料处理。承办部门应对受理的材料区别情况，及时处理。一是对涉及正在进行初步核实或立案调查的有关人员的受理材料，应速转承办调查组调查；二是对属于下级纪检机关受理范围的，应尽快交办或转办；三是对反映的主要问题不具体，无法查证，或虽作过调查，并作出结论而没有新内容的，应将受理材料留存备查；四是对需要查清所反映的主要问题，以决定是否立案的受理材料，应提出初步核实的意见，报分管领导审批。

（二）案件的初步核实

1. 初步核实的要求

立案之前的初步调查核实工作，有以下四点要求。

（1）党委（党组）、纪委监委（纪检监察组）应当对具有可查性的涉嫌违纪或者职务违法、职务犯罪问题线索，扎实开展初步核实工作，收集客观性证据，确保真实性和准确性。

（2）纪检监察机关采取初步核实方式处置问题线索，应当制定工作方案，成立核查组，履行审批程序。被核查人为下一级党委（党组）主要负责人的，纪检监察机关应当报同级党委主要负责人批准。

（3）核查组经批准可以采取必要措施收集证据，与相关人员谈话了解情况，要求相关组织作出说明，调取个人有关事项报告，查阅复制文件、账目、档案等资料，查核资产情况和有关信息，进行鉴定勘验。对被核查人及相关人员主动上交的财物，核查组应当予以暂扣。需要采取技术调查或者限制出境等措施的，纪检监察机关应当严格履行审批手续，交有关机关执行。

（4）初步核实工作结束后，核查组应当撰写初步核实情况报告，列明被核查人基本情况、反映的主要问题、办理依据以及初步核实结果、存在疑点、处理建议，由核查组全体人员签名备查。承办部门应当综合分析初步核实情况，按照拟立案审查调查、予以了结、谈话提醒、暂存待查，或者移送有关党组织处理等方式提出处置建议。初步核实情况报告应当报纪检监察机关主要负责人审批，必要时向同级党委主要负责人报告。

2. 初步核实的工作方式

初步核实原则上采取直接核实和委托核实两种方式进行。

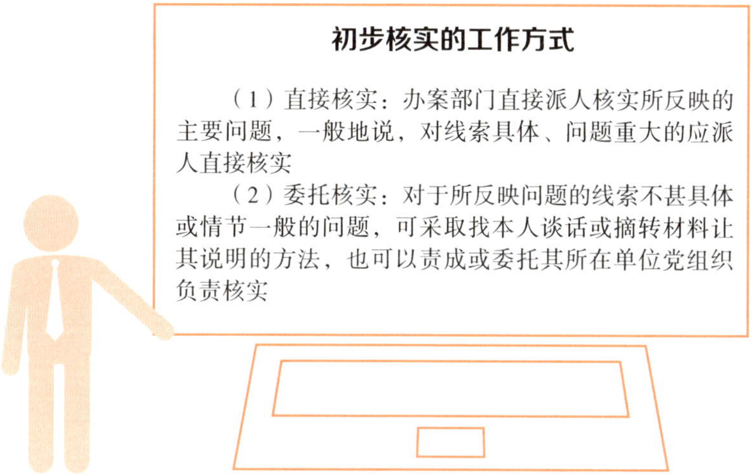

3. 初步核实采取的必要措施

核查组经批准可以采取必要措施收集证据，与相关人员谈话了解情况，要求相关组织作出说明，调取个人有关事项报告，查阅复制文件、账目、档案等资料，查核资产情况和有关信息，进行鉴定勘验。对被核查人及相关人员主动上交的财物，核查组应当予以暂扣。需要采取技术调查或者限制出境等措施的，纪检监察机关应当严格履行审批手续，交有关机关执行。

4. 撰写初步核实情况报告

初步核实工作结束后，核查组应当撰写初步核实情况报告，列明被核查人基本情况、反映的主要问题、办理依据以及初步核实结果、存在疑点、处理建议，由核查组全体人员签名备查。承办部门应当综合分析初步核实情况，按照拟立案审查调查、予以了结、谈话提醒、暂存待查，或者移送有关党组织处理等方式提出处置建议。初步核实情况报告应当报纪检机关主要负责人审批，必要时向同级党委主要负责人报告。

（三）案件的立案

纪检机关对经初步核实确认有违纪违法事实需要追究党纪责任的，按照规定的权限和程序予以立案。

1. 立案的要求

纪检机关要把好立案关，应做到：一要准确及时，立案是纪检机关案件检查的关键环节，对违纪违法的事实一定要准确，对确有违纪事实达到需要追究党纪责任的，才能决定立案；二要手续完备，纪检机关立案必须严格履行立案报批手续，经批准后方可立案，并通知同级党委组织部门。

2. 实行分级立案

（1）党的中央以下各级委员会、纪委常委会委员（基层党委、纪委书记、副书记）违纪问题，与党委常务委员会同职级的党委委员违纪的问题，由上一级纪委决定立案。上一级纪委决定立案前，应征求同级党委意见。其他委员违纪由同级纪委报请党委批准立案。

（2）其他党员干部违纪问题，均应按照干部管理权限，由相应的纪委或纪工委、纪检组决定立案，在决定立案前，应征求同级党委或党工委、党组的意见。未设立纪委或纪工委、纪检组的，由相应的党委或党工委、党组决定立案。

（3）不是干部的党员违纪问题，由基层纪委决定立案，未设纪委的由基层党委立案。

（4）对于党组织严重违犯党纪的问题，一般由上一级纪检机关报请同级党委批准立案，上一级纪委在征求同级党委意见后，也可直接决定立案。

（5）属于下级纪检机关立案范围的重大违纪问题，必要时上级纪

党纪案件立案

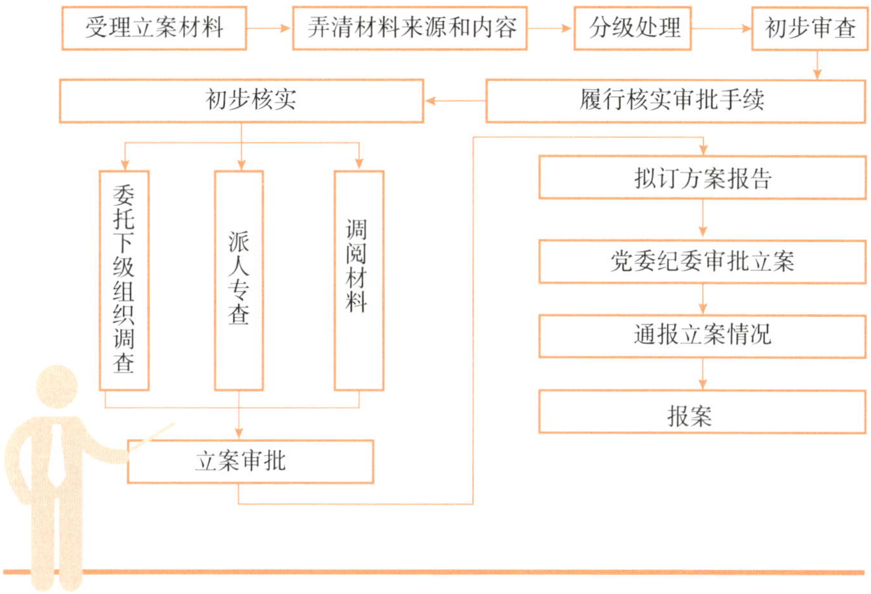

检机关可直接决定立案。

党的基层组织立案时应注意两点：一是不能借口分级立案，阻挠上级纪检机关对下级纪检机关立案案件的监督和管理，上级纪检机关认为必要时，有权对属于下级纪检机关立案范围内的重大复杂案件直接立案；二是应当一察一立，防止重复立案，上级纪检机关立案后交给下级纪检机关办理的案件，下级机关不再立案，上级纪检机关交办、转办的案件，都应由主办的纪检机关立案，其他纪检机关不应同时立案。

3. 立案的程序

立案要严格按照以下立案程序：

（1）审查立案材料。纪检机关对其受理的反映违纪违法问题的线索和材料经过初步核实、确认，凡具备立案条件的，应及时办理立案手续。

（2）办理《立案呈批报告》。《立案呈批报告》是纪检机关必须办理的上行公文，是审批机关及其负责人审查批准立案的主要依据。其主要内容包括案件线索来源，被反映人的自然情况，经初核认定的主要违纪违法事实，呈报立案的党纪依据，呈报单位意见，附反映、检举、初核材料。最后由办案部门主要负责人签名。

（3）审查批准。审批机关及其负责人接到《立案呈批报告》，应按照有关党规、党纪、法律、法规的规定，经认真审核后，决定立案与否。立案应由集体研究决定。

（4）立案决定的通知与通报。纪检对象的违纪问题经批准立案后，立案的纪检机关应填写《立案决定书》，送交被调查人所在单位党组织的主要负责人，将立案决定通知被立案者，并通报同级党委组织部门。党员调动工作后，发现在原单位有违法违纪问题并批准立案的，纪检机关应将立案决定通报其现单位组织部门，原单位应予以配合。

4. 立案审批时限

立案审批时限是从收到《立案呈批报告》之日算起，到作出立案决定之日止。根据《中国共产党纪律检查机关案件检查工作条例》规定，立案审批时限不得超过一个月。

（四）案件调查前的准备工作

1. 立案机关组织调查组

立案机关组建案件调查组，要根据被调查人的职务、案件的性质、案件的涉及领域等情况，选好调查组长，选配好调查组人员。对一些案情特别重大、复杂的案件，可请上级纪检机关派人参加调查。调查组可以采取由纪检机关自派或由纪检机关牵头组建联合调查组，对特别重大的大案要案，还可以在调查组下面分设调查小组，要注意办案人员的回避制度规定。

2. 熟悉案情

调查组负责人应迅速组织调查组全体人员认真分析举报和初核材料，研究案件线索、基本情况以及涉及的单位和人员情况，尽快熟悉案情；收集、学习和掌握办案所需要的有关政策、法律、法规和党纪、政纪的规定。

案件调查前的准备工作

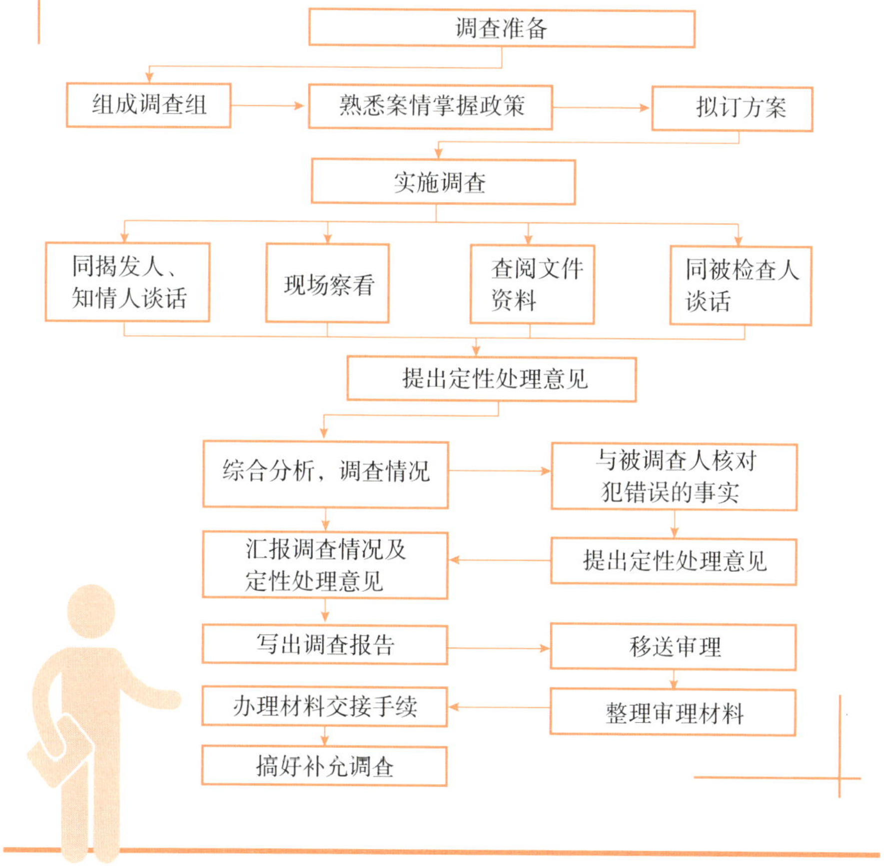

3. 制订调查方案

调查方案要明确以下问题：调查案件的指导思想，明确办案的目的和做法；必须查清的问题逐条列出，突出重点，把握好工作重心；调查工作应采取的步骤方法和措施；办案人员的组成、分工，领导关系以及完成任务的时间和应注意的问题。调查方案应经分管领导批准后实施。

4. 拟定调查提纲

调查提纲是对调查方案的具体化。调查提纲的主要内容是：列出已收集、掌握的案件线索，确定调查内容的先后顺序，明确重点和突破口，确定调查对象以及每项调查任务完成的时限。

（五）案件调查中采取的措施

纪检机关根据案情的需要，可依照规定采取必要的案件检查措施。

1. 组织措施

（1）停职检查。调查组对被确认犯有严重错误，已不适宜担任现职务或妨碍案件调查的违纪党员，建议采取停职检查的措施。纪检机关停止被调查人党内职务，属党委批准立案的，停职检查由党委决定；属纪检机关直接立案的，停职检查由纪检机关征求同级党委意见后决定；停止被调查人党外职务时，应向党外组织提出建议。党委或纪检机关在作出停职检查决定后，应正式发出停职检查决定书，送至被调查人所在单位党组织，并通报同级党委组织部门。停止被调查人党外职务时，应正式发出停职检查建议书。对纪检机关的建议，有关党外组织如无特殊理由，应予接受，并将结果及时报告纪检机关。停职检查的期限不得超过办案期限。

（2）暂停公务活动。为防止被调查人可能因公务活动给国家利益和公民的合法权益造成重大损害，或者给办案工作带来不利影响，可暂停其公务活动，被调查人所在单位党组织，未经立案机关或调查组同意，不得批准被调查人出境、出国、出差等活动。

2. 调查措施

案件调查措施，大致有以下几点：

（1）查阅、复制与案件有关的材料、资料、账册、单据、会议记录、工作笔记等书面材料。通过校对、审查、查询、清查盘点等技术手段，从中分析研究，找出问题和弄清事实。收集其他能够证明案件真实情况的一切证据。

（2）要求有关组织提供与案件有关的文件、资料等书面材料以及其他必要的情况，有关单位不得以任何借口拒绝提供。

（3）要求或责令有关人员在规定的时间、地点就案件所涉及的问题作出解释和说明。包括被调查人的自我检查（书面或谈话）、知情人提供的情况和来自群众的反映。

（4）对与案件有关的人员和事项进行录音、拍照和摄像，应严格掌握。应用这种方法时，应事先告知本人，并要注意及时、细致、客观、全面、准确无误，绝不允许伪造，应严加保管，不得扩散外传。

（5）对案件所涉及的专门性问题，提请有关的专门机关或人员作出鉴定结论。鉴定书必须由鉴定人亲自制作、签名、盖章，并由鉴定单位加盖公章。用作证据的鉴定结论，应告知被调查人。

（6）经县级以上（含县级）纪检机关负责人批准，暂予扣留、封存可以证明违纪行为的文件、资料、账册、单据、物品和非法所得。采取这种手段，参加调查的人员不得少于两人，并当场填写《暂予扣留、封存物品登记表》。调查人和文件、物品保管或持有人均应在登记表上签名或盖章，保证被扣留、封存的文件、物品稳妥、安全。扣留、封存的期限不得超过办案期限。

（7）经县级以上（含县级）纪检机关负责人批准，对被调查对象在银行或其他金融机构的存款进行查询或暂停支付。暂停支付的期限不得超过办案的期限。

（六）案件调查的实施

按照案件调查计划实施调查工作。

1. 宣布立案决定

调查开始后，调查组会同被调查人所在单位党组织，与被调查人谈话，宣布立案决议。对被调查人进行思想教育，严明应严格遵守的办案纪律，要其主动交代问题，不得对抗、串供、反调查和对控告人、

违纪案件的审理

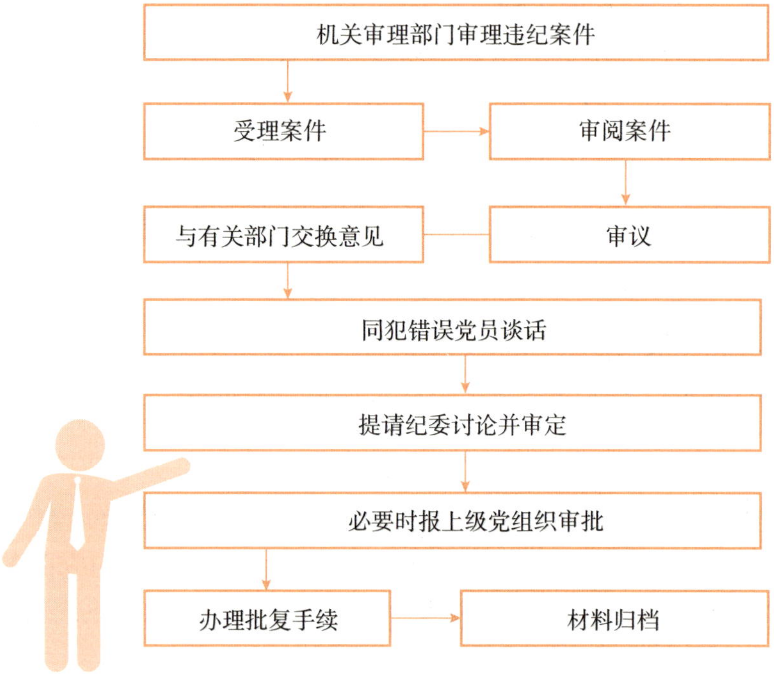

证人进行打击报复。同时，认真听取被调查人的陈述和意见。未经立案机关或调查组同意，不得批准被调查人出境、出国、出差，或对其进行调动、提拔、奖励。

2. 收集证据

调查组进行案件调查，要力求收集一切能证明案件真实情况的证据。

（1）收集物证。收集原物或原物照片随卷保存，要设法促使被调查人交出物证。

（2）收集书证。提取会议记录、介绍信、文件、个人记录、私人信件、日记等，对可作为书证的原始材料或复制件，党的各级组织必须及时提供，并做好保密工作。

【创新案例】

紧盯民生热点，持续惩治“蝇贪蚁腐”

习近平总书记强调，惩治“蝇贪蚁腐”，让群众有更多获得感。自中央纪委国家监委部署开展群众身边不正之风和腐败问题集中整治以来，海南省纪委监委牢固树立人民至上理念，坚决整治群众身边不正之风和腐败问题，不断增强群众获得感、幸福感、安全感。

“惩治‘蝇贪蚁腐’要坚持大抓基层鲜明导向，把监督触角向基层延伸、向群众靠近、向一线下沉。”海南省纪委监委有关负责同志说。

省纪委监委统筹力量，推动全省集中整治工作开好局、起好步。聚焦村居、乡镇、县域和医药、执法司法、教育等重点领域，分级分类压茬推进案件办理，集中火力攻坚；选取乡村振兴、教育、基建工程和招投标、医药、政务服务 5 个领域存在的突出问题，由省纪委副书记牵头组织开展专项整治；提级办理基层腐败案件，采取提级管辖、指定管辖、“带件下沉”督导等方式，督办重点案件215件，发布集中整治立案信息和典型案例通报，不断释放从严整治的强烈信号。

为推动监督力量下沉，省纪委监委结合海南“省直管市县”体制特点，“一竿子插到底”下沉市县督战，将全省划分为4个片区，强化指导督办，分片组织召开现场交流会，推广好经验好做法。强化案件质量把关，加强对市县纪检监察机关案件审理工作的指导，对同一类型、情节、领域的涉嫌违纪违法问题，坚持一把尺子量到底，避免畸轻畸重。

“市纪委监委上次走访后，仅用1个月就解决了长期未发放的椰子苗管护费问题，大家心里都很激动。”近日，文昌市昌洒镇白土村的村民们收到了24万余元椰子苗后期管护费，该村村干部邢诒修高兴地说。集中整治以来，文昌市纪委监委针对群众反映强烈、推进难度大的信访事项，实行领导干部下基层调研督导机制，推动解决了困扰白土村144户造林户的椰子苗管护费未拨付问题。

为了深入查找、动真碰硬解决群众身边的急难愁盼问题，海南省纪委监委部署开展“重点问题突击战”，组织县镇村分级分类排查重点问题3779个，并建立县镇村三级党政“一把手”领衔督办制度，强力推动问题真查实改。以白沙黎族自治县元门乡南训村、红旗村群众生产生活用水改善为例，县纪委监委排查发现该问题后立即将其纳入重点问题清单并向县委报告，县委主要负责人领衔督办，推动该问题顺利解决。

为有效解决基层监督力量薄弱、办案经验不足等问题，海南省纪委监委深化运用片区协作机制，形成由县（市、区）纪委监委主导，将乡镇纪检监察机构划分为若干协作区的工作模式，变“单兵作战”为“协同作战”。三亚市纪委监委运用片区协作机制，用较短时间完成了对2名涉嫌严重违纪违法领导干部的立案并采取留置措施，迅速打开了工作局面。

紧盯民生热点持续“拍蝇”，让群众在正风肃纪反腐中有更多获得感。东方市紧盯拖欠企业账款和农民工工资等突出问题，整治14个欠薪项目，推动发放农民工工资2456.88万元；儋州市运用数字化管理平台，实现全市1836个村（居）的资金、固定资产、集体土地出租等“三资”数据链上可见、公开透明；海口市深入推进集中整治，其中仅教育领域就督促整改问题174个，完善招生工作管理规定等制度机制94项，规范职称评定等23项工作流程……

“以前我们都不知道建房可以申请使用免费图纸，这下可省了1200元的设计图纸费了，我们村民心里是真的高兴。”临高县东英镇美夏村村民符大哥高兴地说。

此前，临高县纪委监委在监督检查中发现，原本给报建农户免费提供的130余份设计图纸使用率较低，绝大部分报建农户使用镇资规所、村报建员推荐的第三方设计公司有偿提供的设计图纸，因增加经济负担，群众反映强烈。对此，该县纪委监委紧盯农房报建领域突出问题，严肃查处履职不力、不担当不作为、“吃拿卡要”等问题29起，批评教育和处理27人；同时强化以案促改促治，督促各镇通过入户宣传、微信公众号推送、发布农房报建一次性告知书等方式，加大向农户推荐使用免费设计图纸的宣传力度。如今，当地各乡镇使用免费设计图纸的农户越来越多，切实给农户带来了真真切切的实惠和便利。

（摘编自《中国纪检监察报》2024年8月22日，
作者：麦钰敏、袁宇）

第七章

党的宣传工作

XINSHIDAI

ZHUANZHI DANGWUGONGZUOZHE GONGZUO

SHIYONG SHOUCE

TUJIEBAN

宣传工作是党的一项极端重要的工作。习近平总书记指出，宣传思想部门承担着十分重要的职责，必须守土有责、守土负责、守土尽责。

一、党的宣传工作的根本任务

宣传工作是党的一项极端重要的工作，是坚持党的政治路线、加强党的政治建设、加强党的思想政治领导、巩固党的群众基础和执政基础的重要方式，是为实现党的主张和奋斗目标动员组织党员、干部和群众所进行的理论武装、舆论引导、思想教育、文化建设、文明培育等工作和活动。宣传工作是党领导人民不断夺取革命、建设、改革胜利的优良传统和政治优势。

党的宣传工作的根本任务是“一个高举”“两个巩固”“三个建设”：高举中国特色社会主义伟大旗帜，巩固马克思主义在意识形态领域的指导地位，巩固全党全国人民团结奋斗的共同思想基础，建设具有强大凝聚力和引领力的社会主义意识形态，建设具有强大生命力和创造力的社会主义精神文明，建设具有强大感召力和影响力的中华文化软实力。

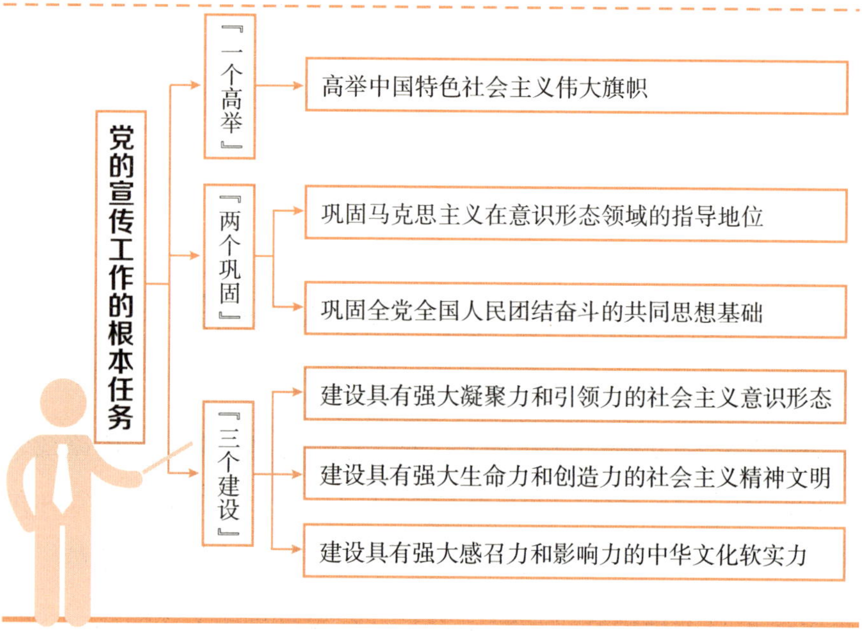

二、各级党委承担的宣传工作职责

做好宣传工作需要全党动手。各级党委对宣传工作负主体责任，应当把学习宣传贯彻习近平新时代中国特色社会主义思想作为首要政治任务，加强对宣传领域重大战略性任务的统筹指导和重大问题的分析研判。党委承担的宣传工作的主要职责有如下几项。

（1）贯彻落实党中央和上级党委关于宣传工作的决策部署以及指示精神，指导和督促检查下级党组织做好宣传工作。

（2）定期研究部署宣传工作重要工作和重大事项，每年向党中央或者上一级党委报告宣传工作情况。

（3）研究制定宣传工作的重要政策，按照权限制定宣传工作相关党内法规和规范性文件，推动制定宣传工作相关法律法规，并组织实施。

（4）牢牢掌握意识形态工作领导权，落实意识形态工作责任制。

（5）统筹社会主义精神文明建设和文化建设。

（6）领导宣传部门做好宣传工作，选优配强宣传系统领导班子和主要负责人，加强宣传干部、人才队伍建设。

（7）领导同级人大、政府、政协、法院、检察院、人民团体、企事业单位等做好本部门本单位本领域宣传工作。

三、各级党委宣传部承担的工作职责

党委宣传部是党中央和地方各级党委主管意识形态方面工作的职能部门，是社会主义精神文明建设的牵头协调部门。党委宣传部的工作职责有如下 16 项。

（1）贯彻落实党对宣传工作的方针政策和决策部署，拟定宣传工作重要政策和事业发展规划。

（2）统筹协调意识形态工作，组织协调意识形态工作责任制落实情况日常监督检查，结合巡视巡察工作开展专项检查。

（3）指导协调理论研究、学习、宣传工作。

（4）统筹分析研判和引导社会舆论，指导协调新闻单位工作，协调开展新闻发布工作。

（5）管理新闻出版和电影工作，统筹指导广播电视工作，组织指导“扫黄打非”工作。

（6）统筹指导社会主义核心价值观建设，组织指导思想道德建设和思想政治工作，推进群众性精神文明创建。

（7）统筹协调精神文化产品创作和生产，协调组织与中华优秀传统文化传承发展有关的工作，指导协调推动群众文化建设。

（8）指导协调文化体制改革和文化事业、文化产业以及旅游业发展，指导协调国有文化资产监管工作。

（9）宏观指导互联网宣传和信息内容建设管理工作，统筹协调新媒体建设与管理。

（10）统筹开展对外宣传工作，指导对外文化交流合作工作，协调推动中华文化走出去工作，协调人权宣传工作。

（11）协调推进宣传领域法治建设。

（12）统筹指导舆情信息工作。

（13）负责宣传工作的内容建设和口径管理。

（14）按照干部管理权限负责宣传系统领导班子和干部、人才队伍建设管理。

（15）指导下级党委宣传工作。

（16）完成同级党委和上级党委宣传部交办的其他任务。

四、加强基层宣传工作

基层宣传工作相对薄弱，企业、农村、机关、学校、科研院所、街道社区、社会组织等基层单位应加强宣传工作。

在机构设置和工作力量上，乡镇（街道）党组织明确1名党委（党工委）委员负责宣传工作，村（社区）党组织配备宣传员；国有以及国有控股企业党组织设置宣传工作机构；高校党委设立宣传部；国有参股企业、非公有制企业、新经济组织、新社会组织、新就业群体中的党组织应当根据实际情况配备宣传员；各级党和国家机关中党的基层组织应当根据实际情况设置宣传工作机构，或者配备从事宣传工作的人员。

在阵地建设上，各级党委和政府应当加强新时代文明实践中心、县级融媒体中心建设，加强基层公共图书馆、文化馆、博物馆、广播电视机构、乡镇（街道）综合文化站、村（社区）综合文化中心、文体广场等文化设施的建设、管理和使用。

在经费保障上，各级党委和政府应当加大经费投入，建立健全农村文化建设经费保障机制，支持基层文化设施建设和群众性文化活动开展，购买公共文化服务，加大优质文化产品和服务供给。

五、党的宣传工作的特点和形式

（一）党的宣传工作的特点

一是党性与人民性相统一。我们党的宣传工作具有党性，它代表无产阶级的利益、愿望和要求，具有鲜明的阶级性；同时又具有人民性，它从根本上代表人民群众的利益，反映人民群众的愿望、呼声和要求，为人民群众服务。我们党的宣传工作既要讲党性又要讲人民性，必须坚持两者有机统一。

二是真实性与科学性相统一。我们党的宣传工作必须坚持真实性，宣传的内容必须符合客观实际，反映客观事物的真相，讲实情，说真话；同时，我们党的宣传工作必须坚持科学性，宣传的内容不仅要客观实在，而且要符合事物发展的客观规律，反映事物发展的方向，全面、深刻地揭示事物的本质。党的宣传工作必须坚持真实性和科学性相统一，这是马克思主义世界观和方法论在宣传工作中的具体体现，是党的宣传工作的生命和力量所在。

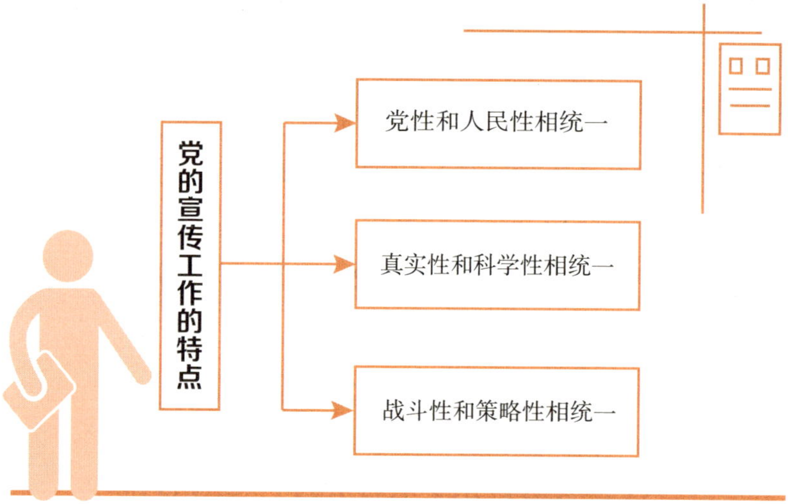

三是战斗性与策略性相统一。我们党的宣传工作必须坚持战斗性，为了维护党和人民的利益，勇于坚持真理，敢于批评错误，旗帜鲜明地坚持党性原则；同时，我们党的宣传工作必须坚持策略性，要根据不同的时间、地点、条件和政治形势，认真区分不同性质的矛盾，采取宣传效果最佳的方式方法。我们党的宣传工作必须坚持战斗性和策略性相统一，这是由党的宣传目标决定的，是为党的宣传目标服务的。

除了以上特点，我们党的宣传工作还具有针对性、广泛性、及时性和连续性等特征。

（二）党的宣传工作的形式

1. 口头宣传

口头宣传教育是党的思想政治工作应用最广泛的形式，是宣传工作的基本技巧之一。以报告、讲授、演讲为主的口头宣传与一般讲话相异之处是，它必然要面对众多的听众，所以其影响的范围要比一般的交谈要广得多，难度也大得多。它既要有思想理论观点，还要有较好的口才，要有宣传艺术技巧。口头宣传由于语言本身的一些特点，决定了这种宣传具有快速简便、适应范围广、记忆困难、误差大等特点。这些特征决定了在运用这一宣传形式时，要注意做到：准确精练、条理清楚，通俗易懂、雅俗共赏，形象生动、有感染力。

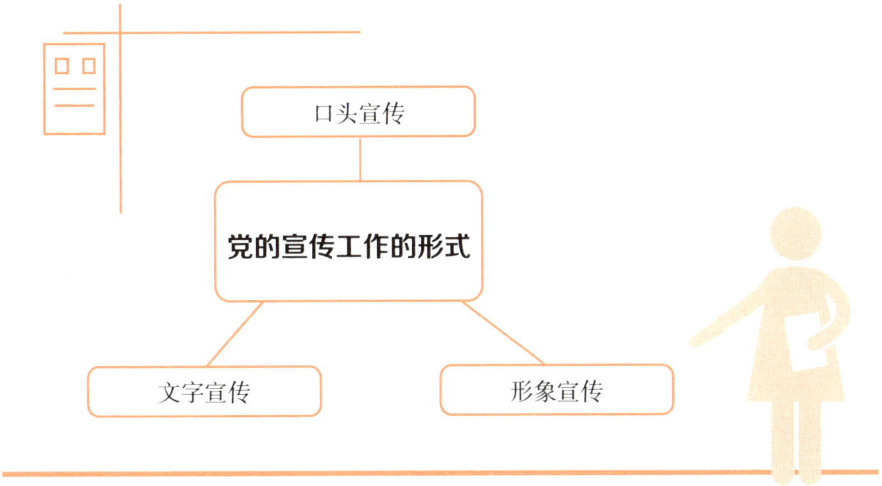

2. 文字宣传

文字宣传，是用文字形式来表现宣传内容的宣传形式。一般说来，它比口头宣传的宣传面更广。文字宣传主要包括：一是标语。这是将口号宣传文字化的一种形式。二是传单。这是比口号略长，比其他文字要短的一种文字宣传。三是书稿。如公开信、宣言、书面谈话等。四是报刊和一些小册子，等等。这是在更大范围内经常而使用的普遍而重要的宣传方式。文字宣传由于文字本身的特点决定了这种宣传形式具有准确性高、影响力大、适应范围受限制、传播周期长、鼓动性差等特点。这些特征决定了在运用这种宣传形式时，要做到：语言运用准确、文章合乎逻辑，中心突出、思想明确，简练、生动。

3. 形象宣传

形象宣传是通过能够引起人们的思想感情活动的物体形态以及人的姿态或动作的示范，来表现宣传内容的基本主题思想的宣传形式。这种宣传形式是口头宣传、文字宣传的形象化，它具有人、物、事的客观性，主要包括图片、文物、雕塑、电影、电视、戏剧、舞蹈等。形象宣传的突出特征是具有实体性、典型示范性以及较强的适应性。这些特征决定了在运用这一宣传形式时必须注意实现娱乐与教育的统一、形象与生活的统一，并且做到以正面形象宣传为主。

六、党的宣传工作的基本程序

做好党的宣传工作，把党的路线、方针、政策宣传到广大人民群众中去，从而实现统一思想、凝聚力量的目标。实践证明，党的路线、方针、政策及战略部署，任何为人民群众谋利益的重要举措，只有通过卓有成效、程序规范的宣传工作，使之变为人民群众积极自觉的行动，才能取得预期的效果。

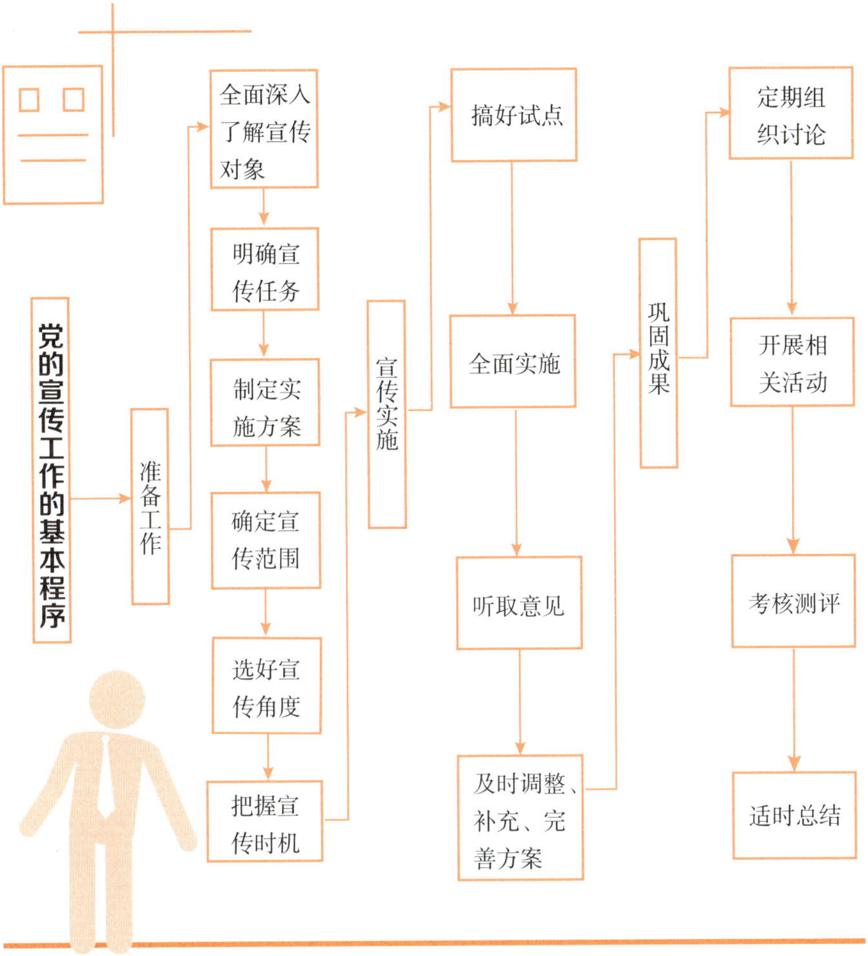

七、党的宣传工作的基本方法

党的宣传工作的基本方法主要有以下几种。

1. 说理宣传方法

指用科学的道理去启发人、说服人，解决人们的思想认识问题，以提高人们认识世界和改造世界的能力。这种宣传方法，是党的宣传工作的最基本的和首要的方法。要正确运用说理宣传方法，必须做到：一要对症下药；二要注意把“大道理”和“小道理”结合起来；三要寓理于事。

2. 典型宣传方法

典型是群众的智慧和力量在实践中的创造，代表着时代的精神和风格，在社会生活中有一种特殊的影响力。典型宣传方法，就是通过对典型人物、生动事迹和先进经验的宣传推广，教育群众、宣传群众、鼓舞群众，从而推动工作的一种方法。

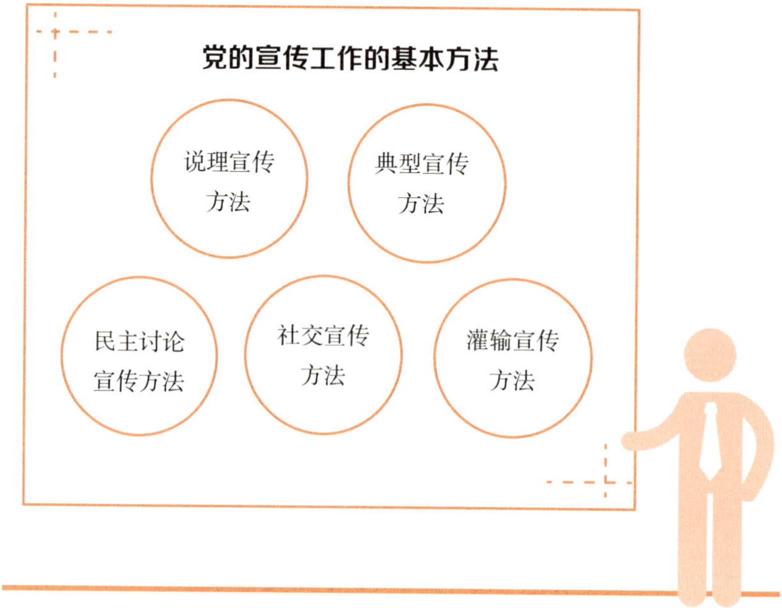

典型宣传方法是宣传活动普遍运用的一种方法，为正确运用这一宣传方法，要注意以下几点：一要克服对典型绝对化理解的观念，不要把典型说得完美无缺；二要注意典型的真实性，不要“拔苗助长”；三要宣传典型带有规律性的经验，宣传典型的思想实质，把典型形象

的生动感人一面同思想本质、行为的先进性结合起来，不要就事论事；四要注意典型的多样性，不能搞“一花独放”。

3. 民主讨论宣传方法

民主讨论宣传方法即在人民内部，大家就彼此关心的问题或就某一项议题与专题，从平等的地位出发，通过民主讨论、相互启发、相互教育，达到彼此了解、沟通思想、共同提高的一种群众性的自我教育的宣传方法。这种宣传方法，在政治宣传和理论宣传中经常运用。

民主讨论宣传方法作为党的宣传工作的一种基本方法，在运用过程中，要注意以下几点：一是民主讨论要明确主题，突出重点；二是讨论前要出告示，让大家围绕中心议题作好准备；三是讨论中要安排重点发言，并随时引导大家深入讨论；四是讨论要发扬民主，鼓励大家畅所欲言，讲真话，不能随便扣帽子。

4. 社交宣传方法

社交宣传方法是指把宣传工作寓于人们的各种社会交往活动和人际交往活动之中的一种宣传方法。社交宣传方法，通过各种交往活动，沟通人们在精神境界的联系，使信念、态度、情绪和行为发生潜移默化的变化。这种宣传方法的特点是具有间接性、交往性、业余性、广泛性和自主性。

社交宣传活动的特点决定了要正确运用社交宣传方法：一要注意正确引导，保证社交活动的正确方向，克服自发倾向；二要注意组织协调，克服松散倾向。

5. 灌输宣传方法

灌输就是灌注、输入的意思。灌输在党的宣传工作中是一种最基本方法。不断地向广大人民群众灌输习近平新时代中国特色社会主义思想和党的路线、方针、政策，是我们党的宣传工作的基本原则和方法，是党的一切宣传类型中最常用的一种宣传方法。

运用灌输宣传的方法，必须做到：一要注意生动活泼，克服生硬的说教；二要注意结合人们的思想实际，防止出现脱离人们思想实际“放空炮”的现象。

做好宣传工作还要做到以下几个方面。

解放思想，实事求是。认真总结历史经验，继承和发扬优良传统。还要善于根据改革开放的新形势，更新观念，积极探索，勇于创新，在实践中进一步认识和把握宣传思想工作的规律。

围绕中心，服务大局。坚持党的基本理论和基本路线不动摇，紧紧围绕经济建设中心，一心一意为全党全国工作大局服务。

客观全面，把握好度。坚持从实际出发，讲真话，讲真理反映事物的本来面貌和客观规律。要坚持两点论，用全面、联系、发展的观点观察事物、分析问题，克服片面性、绝对化。具体问题要具体分析，注意掌握政策，善于区别对待。

关心群众，相信群众。体贴群众生活，了解群众心理，反映群众意愿，注意把解决思想问题同解决实际问题结合起来。要把人民拥护不拥护、人民赞成不赞成、人民高兴不高兴、人民答应不答应，作为检验宣传思想工作成效的基本依据。

发扬民主，善于疏导。贯彻民主原则和疏导方针，善于运用群众参与、平等讨论、自我教育、批评和自我批评等方法，把疏解和引导结合起来，学会在疏解中引导，在引导中疏解。

入情入理，润物无声。坚持科学性与艺术性的有机统一，动之以情，晓之以理，如春风细雨一般，润物细无声。坚持入情入理，情理结合，就会受到人民群众欢迎，获得实效。

区分层次，切合实际。宣传思想工作要因人、因事制宜，要有针对性。要按照不同对象确定相应的内容，将先进性的要求与广泛性的要求有机结合。

宣传典型，激励群众。宣传典型要注意介绍基本经验和精神实质。对待典型要实事求是，不能降低标准，也不能人为拔高。要关心爱护典型，满腔热情地帮助他们在实践中更好成长，不断前进。

抓好中间，促进两头。我们曾经有抓两头，带中间的传统经验和工作方法，这一方法现在依然是宣传思想工作的重要方法。但在实践中仅仅运用这一方法还不够，因为群众中的大多数处于中间层，还必须注重抓好中间，促进两头的工作。

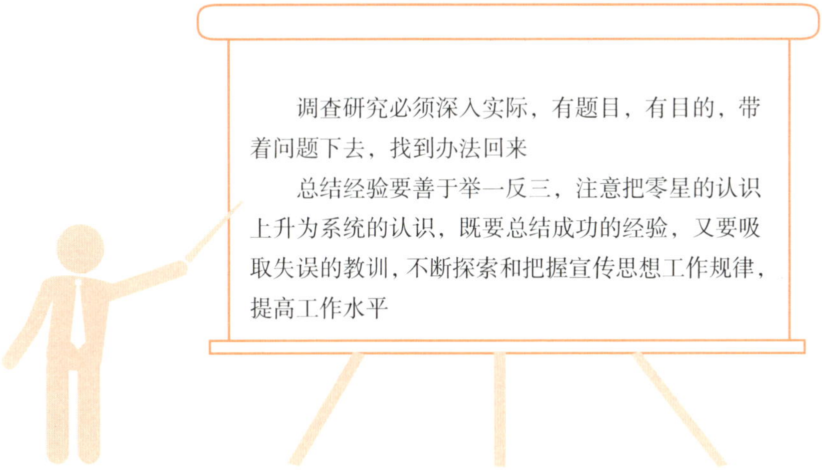

依靠社会，携手共建。深入开展群众精神文明建设活动，切实搞好社会文化、村镇文化、企业文化、校园文化、家庭文化建设，充分发挥各种文化设施和教育场所的作用，要运用各种节日、纪念日以及习俗、礼仪活动，更好地弘扬民族优良传统，激发民族自尊心和自豪感。

帮助后进，促其转化。对后进的原因进行实事求是的客观分析，肯定他们的优点和长处，关心、团结和亲近他们，针对他们的思想实际，做耐心细致的宣传思想工作。调动其内在积极因素，克服消极因素，帮助他们进步。

以身作则，言传身教。身教重于言教，宣传思想工作者对自己高标准、严要求，以身作则，言行一致，增强宣传思想工作的说服力和感染力。

调查研究，总结经验。

健全机制，科学管理。管理要做到分工协作，职责清楚，奖罚分明。要制定具体的管理制度和办法，善于运用各种手段，形成有效运行的工作机制。

做好规划，分步实施。组织协调各方力量，深入调查研究。制定实施规划。既要有长远目标和总体设计，又要有阶段性目标和分步实施的具体要求。

抓住重点，带动全面。在工作重点上，要抓好理论建设、思想教育和队伍建设。在工作布局上，要抓有影响的和有说服力、有代表性的典型。工作重点一经确定，就要抓住主题，加大力度，一抓到底。

注意操作，由虚变实。一定要有措施，有载体，有办法，使工作抓得住，效果看得见。要制定各项工作的具体实施方案，方案要具备可操作性。工作目标和任务要切实可行，工作要求和措施要具体实际。

【创新案例】

开创新时代宣传思想文化工作新局面

习近平文化思想是新时代党领导文化建设实践经验的理论总结，深刻回答了新时代我国文化建设举什么旗、走什么路、坚持什么原则、实现什么目标等根本问题，丰富和发展了马克思主义文化理论，为做好新时代新征程宣传思想文化工作、担负起新的文化使命提供了科学行动指南，为创造人类文明新形态、引领世界文明发展进步贡献了中国智慧。

一

习近平文化思想是习近平新时代中国特色社会主义思想的重要组成部分，是推动文化繁荣、建设文化强国、建设中华民族现代文明的根本遵循和行动指南，是当今时代最鲜活的马克思主义文化理论。这一重要思想植根于新时代中国特色社会主义实践，深化了新时代文化建设的规律性认识，总结提升了新时代文化建设的基本经验，对马克思主义文化理论作出了诸多原创性贡献，开辟了马克思主义文化理论新境界，成为马克思主义文化理论在当代中国、在21世纪最重要的理论结晶。

习近平文化思想着眼世界百年未有之大变局和中华民族伟大复兴战略全局，围绕新时代中国特色社会主义文化建设时代课题展开、深化和拓展，既有文化理论观点上的创新和突破，又有文化工作布局上的部署要求，明体达用、体用贯通。习近平文化思想是不断展开的、开放式的科学体系，随着实践的深入发展不断丰富和拓展：创造性将文化自信纳入“四个自信”，铺就民族复兴的文化底色；用“九个坚持”高度概括我们党对宣传思想工作的规律性认识；明确文化建设方面的“十四个强调”，鲜明提出坚持党的文化领导权、深刻理解“两个结合”、担负起新的文化使命等重大创新观点，提出建设中华民族现代文明的重大任务；对宣传思想文化工作提出“七个着力”的要求。习近平文化思想涵盖了新时代文化建设的政治保障、根本立场、目标要求、使命任务、主题主线、制度建设、方法路径等，贯穿着马克思主义立场观点方法，蕴含着丰富的道理、学理、哲理，包含深刻的理念、思路、办法，具有很强的政治性、思想性、指导性，为进一步做好宣传思想文化工作指明了方向。在这一重要思想科学指引下，新时代宣传思想文化事业取得历史性成就，社会主义文化发展、社会主义文化强国建设、中华民族现代文明建设不断取得新进展。

二

党的理论创新每前进一步，理论武装就要跟进一步。我们要认真学习领会习近平文化思想，深刻把握习近平文化思想的重大意义、丰富内涵和实践要求，坚持学以致用，做到学思用贯通、知信行统一，自觉贯彻落实到宣传思想文化工作各方面和全过程。

强化政治担当，落实政治责任。宣传思想文化工作事关党的前途命运，事关国家长治久安，事关民族凝聚力和向心力，是一项极端重要的工作。面对强国建设、民族复兴的新任务、新要求，迫切需要全党全国各族人民统一思想、凝聚力量、坚定信心。要把宣传思想文化工作摆到全局工作的重要位置，强化“一盘棋”思想，以强烈政治担当和高度政治责任感，推动形成齐抓共管的强大合力。持续加强理论武装，强化对习近平文化思想的学习、研究、阐释，既准确理解其中的重要概念和提法，又加强系统性、整体性把握，吃透基本精神，领会核心要义，明确实践要求，做到学有所悟、融会贯通。

勇于改革创新，激发内在活力。创新是一个民族进步的灵魂，也是宣传思想文化工作保持生机活力的动力和源泉。要紧紧抓住改革创新这个“牛鼻子”，在更加广阔的文化空间里，充分运用中华优秀传统文化的宝贵资源，不断推动宣传思想文化工作理念创新、方法创新、内容创新、载体创新、制度机制创新、基层工作创新等各方面创新。重点在推动中华优秀传统文化创造性转化、创新性发展，持续深化文化领域供给侧结构性改革，健全完善文艺精品创作生产机制，在互联网新技术创新话语体系等方面下功夫，推动宣传思想文化工作各领域实现新突破、展现新气象、取得新成效。

敢于善于斗争，把握历史主动。敢于斗争、善于斗争是中国共产党人的重要特质，是我们党从胜利走向胜利的看家本领和优势。当前，世界范围内思想文化相互激荡，我国社会思想观念深刻变化，宣传思想文化工作面临的机遇和挑战并存。我们要从习近平文化思想中汲取智慧力量和科学方法，积极创新工作理念，提高专业化精准化水平，创新宣传手段，在实践中把握历史主动，既要勇于亮剑，又要善于“四两拨千斤”，掌握斗争艺术，注重策略方法，始终保持“越是艰险越向前”的英雄气概和“敢教日月换新天”的昂扬斗志，全力战胜前进道路上各种困难和挑战，开创新时代宣传思想文化工作新局面。

（摘编自《光明日报》2024 年 1 月 8 日，作者：龚剑飞）

第八章

党的干部工作

XINSHIDAI

ZHUANZHI DANGWUGONGZUOZHE GONGZUO

SHIYONG SHOUCE

TUJIEBAN

习近平总书记指出，我们党历来高度重视选贤任能，始终把选人用人作为关系党和人民事业的关键性、根本性问题来抓。这一重要思想，为我们做好党的干部工作廓清了思想迷雾，指明了方向。

一、干部路线和干部标准

党的干部是党的事业的骨干，是人民的公仆，要做到忠诚干净担当。党重视教育、培训、选拔、考核和监督干部，特别是培养、选拔优秀年轻干部。积极推进干部制度改革。

（一）干部路线

党的干部路线是党为了实现自己的政治路线所规定的干部工作必须遵循的行为准则。干部路线是组织路线的组成部分，是为政治路线服务的，是实现政治路线的保证。党章规定：“党按照德才兼备、以德

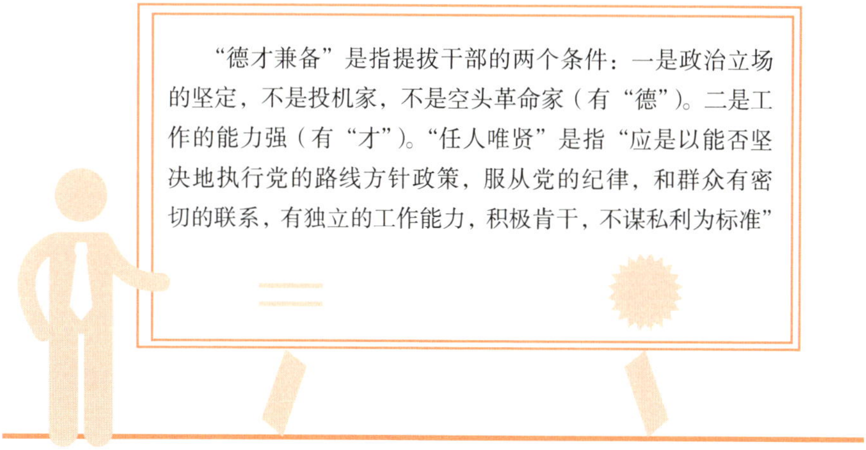

为先的原则选拔干部，坚持五湖四海、任人唯贤，坚持事业为上、公道正派，反对任人唯亲，努力实现干部队伍的革命化、年轻化、知识化、专业化。”这是党的干部工作的经验总结，也是新时代党的干部路线的具体体现。

（二）干部标准

中国共产党历来高度重视选贤任能，在干部选拔任用中注重坚持好干部标准。党的好干部标准是历史的、具体的，由于时代背景不同，中国共产党所处的历史方位和肩负的历史使命不同，好干部标准也在不断发展。习近平总书记将新时代好干部标准概括为“信念坚定、为民服务、勤政务实、敢于担当、清正廉洁”20个字，每一名党员干部都应该始终以20字好干部标准来严格要求自己，把它作为为人处事、为官从政的人生“信条”与“准则”。

1. 信念坚定

理想信念是支撑一个人奋勇拼搏、不断向前的精神动力，作为新时代的干部更要把理想信念作为自己安身立命、为官从政的准则，特别是党员干部要把共产主义理想信念牢牢谨记心中，不断强化自己的思想政治素养，深刻领会党的路线、方针、政策，并善于将理想信念转化为自身的实际行动，在思想上政治上行动上同以习近平同志为核心的党中央保持高度一致，用坚定的理想信念充实自己的精气神，补足精神之“钙”。

2. 为民服务

《尚书·五子之歌》中有这样一句话：“民可近，不可下，民惟邦本，本固邦宁。”中国共产党是代表中国最广大人民利益的党，全心全意为人民服务是党的根本宗旨。同时，为人民服务更是党员干部的为官之道，也是衡量一名党员干部工作成效的根本标准。作为一名党员干部要时刻关心群众冷暖，多想为民之事，多谋利民之策，多解人民之忧，坚持把想为民之事记在心间，把谋利民之策握在手中，把解人民之忧扛在肩上，用自己的行动诠释为人民服务的根本宗旨。“水能载舟亦能覆舟。”人民始终是干事创业的底线，只有守住人民这条底线，保持与人民群众的血肉联系，才能永葆我们党的生机和活力。

新时代好干部标准

3. 勤政务实

好干部孔繁森的一生诠释了勤政务实的真正内涵。他第一次进藏工作时，在海拔较高的岗巴县任县委副书记。在那里工作的 3 年间，他跑遍了全县所有的乡村、牧区，注重调查研究、访贫问苦，和当地群众一起劳动，话家常、干农活、修水利、谋发展，可以说，岗巴县的每一个角落都留下了他勤政务实的足迹。有句话说得好，责任比能力更重要，勤政务实历来是为官从政者的工作主线，评价一名干部不应也不能只看“官位大小、政绩多少、升迁多快”，关键是要看一个干部能否在自己的岗位上，坚持实事求是的工作作风，踏踏实实做事，干干净净做人，兢兢业业为民，决不做碌碌无为的庸官、懒官。在工作中，不能只图虚名，而是要遵循客观规律，一切从实际出发，紧紧围绕改革发展稳定大局，积极投身于基层一线，到最艰苦的岗位中去锻炼。

4. 敢于担当

“苟利国家生死以，岂因祸福避趋之。”这句话讲的是，如果对国家有利，纵使付出自己的生命也心甘情愿，在所不惜，不能因为自己可能会受到祸害而避开，在民族大义面前的担当是最伟大的担当。筑牢根基蕴含担当精神，在不同时期，干部担当的具体内容有所区别。在革命战争年代，党员干部的担当就是要英勇善战、不怕牺牲；在建设时期，干部担当就是要懂政治、懂业务；在改革开放时期，党员干部担当则主要表现为抓经济发展、抓社会各项事业进步；进入新时代，党员干部担当就是要敢于正视复杂矛盾，要有“身在兵位，胸为帅谋”的胆识，在工作实践中能够主动承担责任、主动承受重压、主动扛起大梁，遇事不推、不等、不靠，尤其是在关键时刻能够挺身而出，能够在最具挑战性的工作一线用实际行动诠释担当的含义。

5. 清正廉洁

明朝民族英雄、著名诗人于谦写过著名的诗句：“清风两袖朝天去，免得闾阎话短长。”于谦为人耿直、作风廉洁，从不攀附权贵、阿谀奉承。但那个时候的明朝朝政腐败，贪污成风，贿赂横行。有一次上朝，同僚问于谦带了什么礼物进献皇帝，他笑言：带有清风。他的只言片语既表达了自己的价值取向，也暗含对那些阿谀奉承官员的讽刺。至此，两袖清风一词便流传了下来，后世也多用这个词语形容为官清廉，不贪不腐。而当今，少数干部中仍然存在滥用职权、贪污受贿、作风腐败等现象，在铁的纪律面前不收手、不收敛，经不起糖衣炮弹的攻击，最后身败名裂。新时代，每一名干部都应该强化红线意识，把贪腐视为“高压线”，恪守清廉本色，真正做一个能够经得起组织、实践、历史、人民检验的好干部。

二、干部管理的基本原则和体制

新修订的《党政领导干部选拔任用工作条例》（以下简称《干部任用条例》）是我们党选人用人工作的基本遵循。学习贯彻《干部任用条例》，首先要把握和坚持条例规定的六条原则。这六条原则可分为根本原则、基本原则和工作原则三个层次，统一于培养选拔党和人民需要的好干部这一目标，贯穿条例始终，是党政领导干部选拔任用工作的指导思想和基本方针。

1. 首要原则是党管干部

《干部任用条例》六条原则中第一条就是“党管干部”原则，这是干部工作的首要原则，也是党执政最重要的原则。我们党 100 余年来由小变大、由弱变强，赢得一个又一个胜利，究其原因，关键就在于坚持了党管干部这条原则。党的十八大以来，党中央反复强调，用人权是最重要的执政权，培养好干部是组织工作的头等大事和中心环节。其核心思想就是要毫不动摇地坚持党管干部，确保各级领导权始终掌握在忠于党、忠于人民、忠于马克思主义的人手中。

明确党管干部的内容。《干部任用条例》充分体现了“党管干部就是管方向、管政策、管制度、管人头”的要求。

管方向，就是着眼形成正确的用人导向，科学规范干部工作的原则标准、程序方法和纪律要求，确保党的政治路线、组织路线、干部路线得到有效贯彻落实

管政策，就是着眼新形势新要求，及时制定完善干部教育培训、选拔任用、考核评价、管理监督等各方面政策措施，使干部工作始终与事业发展相适应

管制度，就是着眼提高干部工作的科学化水平，深化干部人事制度改革，健全干部工作制度体系，努力形成有效管用、简便易行的选人用人机制

管人头，就是着眼建设高素质执政骨干队伍，坚持从严选拔、从严教育、从严管理，真正把那些信念坚定、为民服务、勤政务实、敢于担当、清正廉洁的好干部选拔到各级领导岗位上来

明确党管干部的措施。《干部任用条例》坚持问题导向，突出强调党领导干部选拔任用工作，采取一系列针对性措施强化党组织的主体地位和主导作用。在程序设置上，“动议”一章规范了选拔任用的初始环节，明确党组织从干部选拔任用的启动环节就应当发挥领导和把关作用。在实体制度上，针对唯选票、唯分、唯 GDP、唯年龄等突出问题，给出了答案、开出了“药方”。在人选把关上，加强了党组织对公开选拔、竞争上岗、交流任用、破格提拔等特殊情形选拔任用人选的审批把关，等等。这些措施有效地纠正了以往的一些片面做法，加强了党组织在干部问题上的话语权、决定权。

明确党管干部的责任。在干部选拔任用中，党委（党组）、组织部门、纪检监察机关等都负有相应的职责。修订后的《干部任用条例》进一步强化了党委（党组）、分管领导和组织部门在干部选拔任用中

的权重和干部考察识别的责任。党委（党组）对整个干部选拔任用工作负总责，必须加强组织领导，认真落实好干部用人导向，严格按制度办事，支持组织部门正确履行选人用人职责，坚决防止用人上的不正之风。尤其是党委（党组）主要负责同志要坚持集体领导，防止个人说了算。组织部门对干部选拔任用工作负直接责任，必须坚持原则、公道正派，全面深入了解干部，规范干部选拔任用程序，严格执行干部政策法规，严厉查处选人用人上的违规违纪行为。特别是应大力弘扬担当精神，敢于主持公道，敢于得罪人，敢于与不正之风斗争。

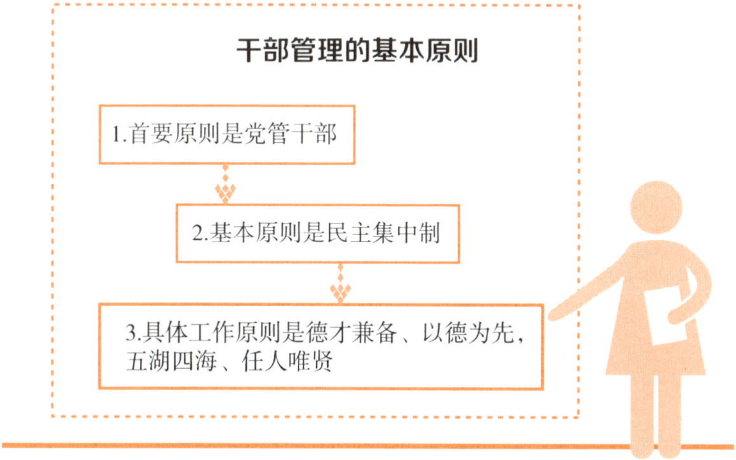

2. 基本原则是民主集中制

民主集中制是民主基础上的集中和集中指导下的民主相结合。它既是党的根本组织原则，也是群众路线在党的生活中的运用。必须充分发扬党内民主，尊重党员主体地位，保障党员民主权利，发挥各级党组织和广大党员的积极性创造性。必须实行正确的集中，牢固树立政治意识、大局意识、核心意识、看齐意识，坚定维护以习近平同志为核心的党中央权威和集中统一领导，保证全党的团结统一和行动一致，保证党的决定得到迅速有效的贯彻执行。加强和规范党内政治生活，增强党内政治生活的政治性、时代性、原则性、战斗性，发展积极健康的党内政治文化，营造风清气正的良好政治生态。在党的政治生活中正确地开展批评和自我批评，在原则问题上进行思想斗争，坚持真理，修正错误。努力造成又有集中又有民主，又有纪律又有自由，又有统一意志又有个人心情舒畅的生动活泼的政治局面。

按照民主集中制要求改进干部选拔任用工作。在“动议”这个首要环节，要综合有关方面建议和平时掌握的情况，加强分析研判，在一定范围内进行酝酿。动议的核心是提名。在“民主推荐”这个基础环节，要改进方式方法，按照知情度、关联度和代表性原则合理确定参加推荐的人员范围，明确先进行谈话推荐再进行会议推荐的适用情形，提高民主推荐的科学性和真实性。在讨论决定这个关键环节，要按照集体领导、民主集中、个别酝酿、会议决定的要求，坚持党委（党组）集体讨论决定，该票决的要票决，该回避的要回避，该报告的要报告，坚决防止临时动议、以圈阅代替集体决定、少数人说了算等违规用人行为。

3. 具体工作原则四条

《干部任用条例》规定的德才兼备、以德为先，五湖四海、任人唯贤；事业为上、人岗相适、人事相宜；公道正派、注重实绩、群众公认；依法依规办事的四条原则，是干部工作的具体工作原则，必须贯彻到干部选拔任用的实践中去。

坚持正确用人导向。德才兼备、以德为先，五湖四海、任人唯贤；事业为上、人岗相适、人事相宜；公道正派、注重实绩、群众公认这三条原则，明确了选人用人的鲜明导向。比如，《干部任用条例》规定，党政领导干部可以从党政机关选拔任用，也可以从党政机关以外选拔任用；注意从企业、高等学校、科研院所等单位以及社会组织中发现选拔。地方党政领导班子成员应当注意从担任过（市、区、旗）、乡（镇、街道）党政领导职务的干部和国有企事业单位领导人员中选拔交流等，都体现了五湖四海的原则。又如，规定了干部选拔任用的6项基本条件、7项基本资格，明确“裸官”等7种情形不得列为考察对象，破格提拔干部要符合“特别优秀”和“工作特殊需要”这两种情形，考察应当保证充足的时间、听取纪检监察机关等部门意见、查阅个人有关事项报告情况等，都体现了德才兼备、以德为先的原则。再如，事业为上是指在组织工作中始终将事业的发展和成功置于首位。伟大的事业要靠高素质干部队伍推进，选任领导干部，目的是以中国式现代化全面推进中华民族伟大复兴，因此，选拔任用干部要着眼于为国选才、服务发展。人岗相适、人事相宜，是指从具体岗位、具体任务出发，讲求领导干部的能力素质与岗位职责的要求、完成具体任

> 《干部任用条例》规范了干部任职前公示的时间、内容；提出考察对象一般应当多于拟任职务人数；要求党委推荐人大常委会、政府、政协等领导班子换届人选应当事先进行民主协商等，都体现了这一重要原则。尤其是《干部任用条例》对公开选拔、竞争上岗进一步明确，坚持将其作为干部选拔任用的方式之一，并针对突出问题进行了规范，强调要合理确定范围，严格设置资格条件，科学规范测试，坚决防止简单地以分取人。这些措施要求，为拓宽选人用人视野、促进优秀人才脱颖而出提供了重要保证

务的要求相匹配。要科学配置领导人才资源，实现人尽其才、才尽其用，各得其所、事竟其功，把领导干部放到最适合施展才华的岗位上，使岗位和人才相互促进、相得益彰，让人才优势能得到最大限度发挥，创造出最大的人才价值。实行党政领导干部任职和选拔任用工作回避制度，体现了公道正派的要求。还要注重对推动和服务科学发展实绩的考察，坚持把民主推荐作为必经程序，明确群众公认度不高的不得列为考察对象，规定了干部问责的具体情形和被问责干部的重新任职等，都体现了注重实绩、群众公认的要求。

严肃选人用人纪律。依法依规办事是依法治国方略在干部工作中的体现，是维护干部政策法规严肃性权威性的必然要求。《干部任用条例》指出，必须严格执行条例的各项规定，严格遵守“十不准”纪律要求，加强干部选拔任用全程监督，严肃查处违反组织人事纪律的行为，实行干部选拔任用工作责任追究制度，等等。这都为严明干部工作纪律，着力营造风清气正的选人用人环境提供了根本保障。

三、干部管理工作

干部管理工作是指为加强干部队伍建设、规范干部行为、提高干部工作水平，运用科学的原理、原则和方法进行的管理活动。其主要包括：制定并贯彻干部路线方针政策、理顺干部管理体制、对干部的日常管理，机构编制管理等。

（一）干部的培训工作

干部培训，是指采取一定的培训方法，使干部在理论、知识、态度、能力方面达到改进并取得绩效提升的过程。干部培训的主要内容是，学习马克思列宁主义、毛泽东思想、邓小平理论、“三个代表”重要思想、科学发展观、习近平新时代中国特色社会主义思想，党的路线、方针、政策和科学文化知识，并将其同业务知识学习结合起来，进行综合培训。干部培训的形式多样，通过党校、行政学院、干部院校等主渠道，以及夜大、电大、函大和相关行业教育培训机构等，开办各种干部专修班，培训大批干部。干部培训结束后要进行考核与评估，并将干部的教育培训情况作为干部考核的内容和任职、晋升的重要依据之一。

（二）干部的选拔任免工作

1.《干部任用条例》规定的干部选拔任用工作的主要内容

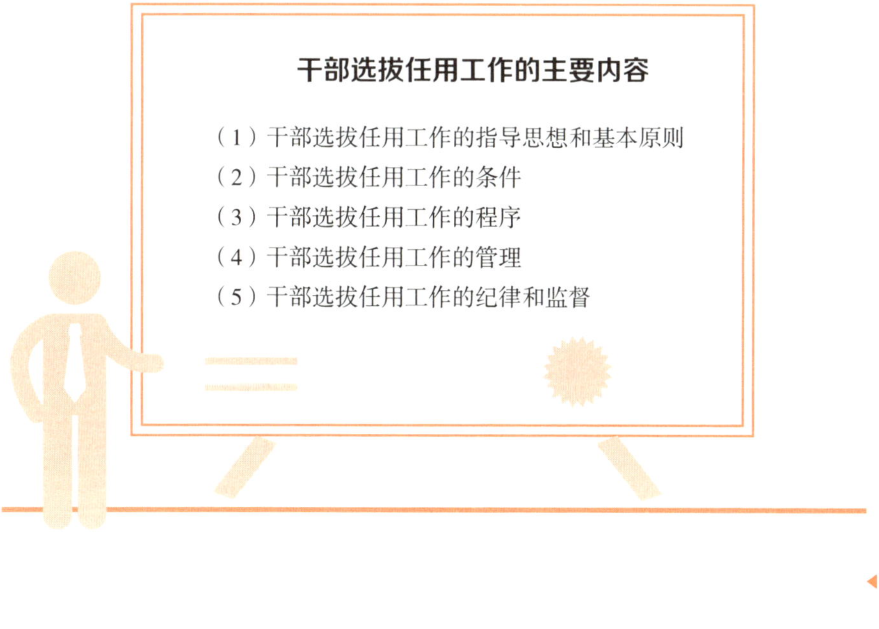

2. 干部选拔任用工作的基本程序

（1）民主推荐。民主推荐包括会议投票推荐和个别谈话推荐。无论是领导班子换届，还是个别提拔任职，会议投票推荐和个别谈话推荐一般应当同时采用。对两种推荐结果要综合分析，互为补充，相互印证。

干部选拔任用工作的基本程序

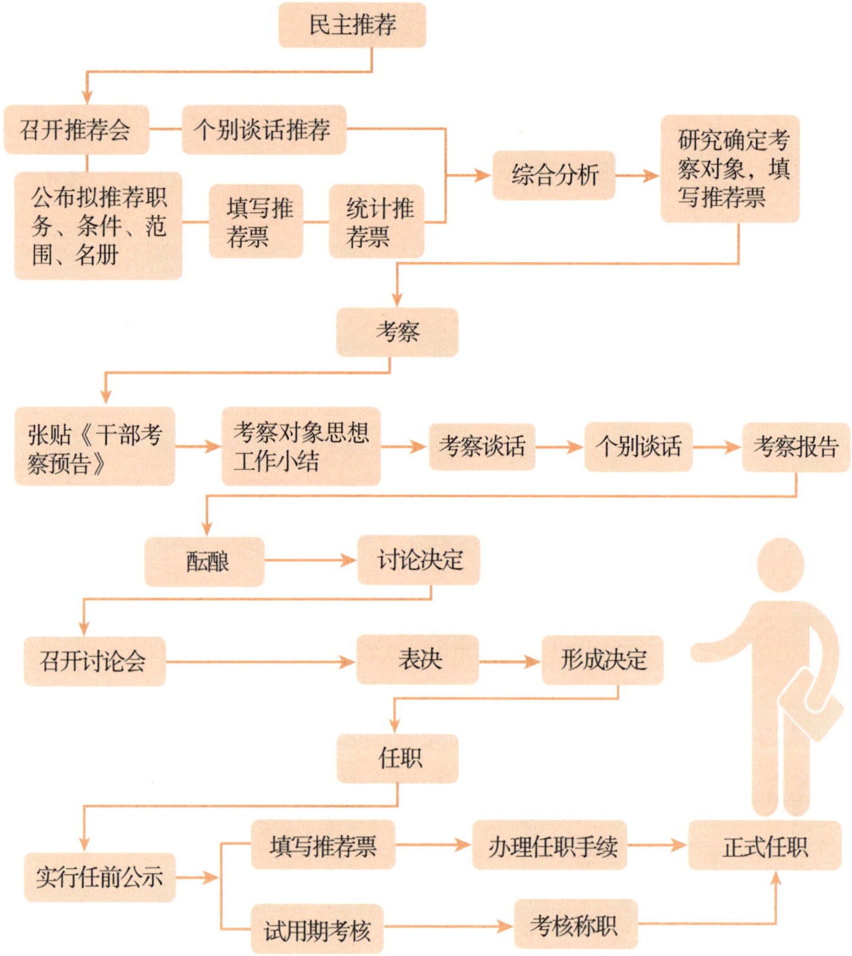

（2）考察。确定考察对象的具体形式有二种：第一种，地方领导班子换届，由本级党委书记与副书记、分管组织、纪检监察等工作的常委根据上级党委组织部门反馈的情况，对考察对象人选进行酝酿，本级党委常委会研究提出考察对象建议名单，经与上级党委组织部门沟通后，确定考察对象。对拟新进党政领导班子的考察对象，应当在一定范围内公示。第二种，个别提拔任职或者进一步使用，由党委（党组）或者上级组织（人事）部门研究确定考察对象。

（3）酝酿。酝酿是指在党委（党组）讨论决定干部任免之前，党委（党组）或者组织（人事）部门负责同志就党政领导职务拟任人选，在一定范围内进行的沟通协商和征求意见工作。酝酿是干部选拔任用工作中的一个重要环节。通过酝酿，进一步沟通情况、听取意见、统一认识，对选准人用准人、保证选拔任用工作健康顺利进行具有重要作用。

（4）讨论决定。2016年，中共中央组织部修订印发了《党委（党组）讨论决定干部任免事项守则》，明确选拔任用干部必须坚持“凡提四必”和“三个不上会”“两个不得”“五个不准”的要求。“凡提四必”，即讨论决定前，对拟提拔或进一步使用人选的干部档案必审、个人有关事项报告必核、纪检监察机关意见必听、线索具体的信访举报必查，坚决防止“带病提拔”。“三个不上会”，即讨论决定时，没有按规定进行酝酿动议、民主推荐、组织考察的不上会，没有按规定核实清楚有关问题的不上会，没有按规定向上级报告或报告后未经批复同意的干部任免事项不上会。“两个不得”，即不得以个别征求意见、领导圈阅等形式代替党委（党组）会集体讨论决定干部任免，党委（党组）主要负责人不得凌驾于组织之上，反对和防止个人或者少数人专断。“五个不准”，即不准任人唯亲，不准突击提拔调整干部，不准临时动议决定干部，不准超职数配备、超机构规格提拔任用干部，不准泄露讨论决定情况，坚决防止和纠正选人用人上的不正之风。

（5）任职。实行党政领导干部任职前公示制度。拟提拔担任地厅级以下（含地厅级）党政领导职务的人选（包括选任制干部的推荐提名人选）。非领导职务改任同级职务的人选，以及拟平级转任新的重要领导职务的人选，也实行任前公示。拟任党政领导班子成员及党政工作部门正副职领导职务的通过当地新闻媒体向社会公示；拟任部门内设机构中层领导职务的，在其所在工作部门（单位）或工作范围内以适当形式进行公示；拟易地交流提拔作用的，在原工作所在地或单位公示。公示时间一般为7—15天。组织（干部、人事）部门在公示人选的同时，要公布举报电话和信箱，并指定专人负责接待群众来访。

（6）依法推荐、提名和民主协商。党委向人民代表大会或者人大常委会推荐需要由人民代表大会或者人大常委会选举、任命、决定任命的领导干部人选，应当事先向人民代表大会临时党组织或者人大常委会党组和人大常委会组成人员中的党员介绍党委推荐意见。人民代表大会临时党组织、人大常委会党组和人大常委会组成人员及人大代表中的党员，应当认真贯彻党委推荐意见，带头依法办事，正确履行职责。

（三）干部的考核工作

考核工作是指党委（党组）及其组织（人事）部门按照干部管理权限，对党政领导班子和领导干部的政治素质、履职能力、工作成效、作风表现等所进行的了解、核实和评价，以此作为加强领导班子和领导干部队伍建设的重要依据。

1. 领导班子考核的主要内容

（1）政治思想建设。全面考核领导班子坚决维护习近平总书记党中央的核心、全党的核心地位，坚决维护党中央权威和集中统一领导，坚持和加强党的全面领导，执行党的理论和路线方针政策，增强“四个意识”，做到“四个服从”，遵守政治纪律和政治规矩的情况；用习近平新时代中国特色社会主义思想武装头脑，坚定理想信念，坚定“四个自信”，不忘初心、牢记使命的情况；坚持民主集中制，执行新形势下党内政治生活若干准则，发现和解决自身问题，营造风清气正政治生态的情况；践行新时代党的组织路线，贯彻新时期好干部标准，树立正确选人用人导向的情况。

（2）领导能力。全面考核领导班子适应新时代要求、落实党中央决策部署、完成目标任务的能力，重点了解学习本领、政治领导本领、改革创新本领、科学发展本领、依法执政本领、群众工作本领、狠抓落实本领、驾驭风险本领。

（3）工作实绩。全面考核领导班子政绩观和工作成效。考核政绩观，主要看是否恪守立党为公、执政为民理念，是否具有“功成不必在我”精神，以造福人民为最大政绩，真正做到对历史和人民负责。考核地方党委和政府领导班子的工作实绩，应当看全面工作，看推动本地区经济建设、政治建设、文化建设、社会建设、生态文明建设，解决发展不平衡不充分问题，满足人民日益增长的美好生活需要的情况和实际成效。考核其他领导班子的工作实绩，主要看全面履行职能、服务大局和中心工作的情况和实际成效。注重考核各级党委（党组）领导班子落实新时代党的建设总要求、抓党建工作的实绩。

（4）党风廉政建设。全面考核领导班子履行管党治党政治责任，加强党风廉政建设，持之以恒正风肃纪，推进反腐败斗争等情况。

（5）作风建设。全面考核领导班子坚持以人民为中心，贯彻党的群众路线，密切联系群众，为群众排忧解难，全心全意为人民服务的情况；结合实际落实党中央决策部署，增强人民获得感、幸福感、安全感的情况；深入改进作风，落实中央八项规定及其实施细则精神，反对“四风”特别是形式主义、官僚主义的情况；实事求是，真抓实干，察实情、出实招、办实事、求实效的情况。

2. 领导干部考核的主要内容

（1）德。全面考核领导干部政治品质和道德品行。考核领导干部的政治品质，重点了解坚定理想信念、对党忠诚、尊崇党章、遵守政治纪律和政治规矩，在思想上政治上行动上同以习近平同志为核心的党中央保持高度一致等情况。考核领导干部的道德品行，重点了解坚守忠诚老实、公道正派、实事求是、清正廉洁等价值观，遵守社会公德、职业道德、家庭美德和个人品德等情况。

（2）能。全面考核领导干部履职尽责特别是应对突发事件、群体性事件过程中的政治能力、专业素养和组织领导能力等情况。

（3）勤。全面考核领导干部的精神状态和工作作风，重点了解发扬革命精神、斗争精神，坚持“三严三实”，勤勉敬业、恪尽职守，认真负责、紧抓快办，锐意进取、敢于担当，艰苦奋斗、甘于奉献等情况。

（4）绩。全面考核领导干部坚持正确政绩观，履职尽责、完成日常工作、承担急难险重任务、处理复杂问题、应对重大考验的情况和实际成效。考核党委（党组）书记的工作实绩，首先看抓党建工作的成效，考核领导班子其他党员领导干部的工作实绩应当加大抓党建工作的权重。

（5）廉。全面考核领导干部落实党风廉政建设“一岗双责”政治责任，遵守廉洁自律准则，带头落实中央八项规定及其实施细则精神，秉公用权，树立良好家风，严格要求亲属和身边工作人员，反对“四风”和特权思想、特权现象等情况。

干部年度考核工作程序

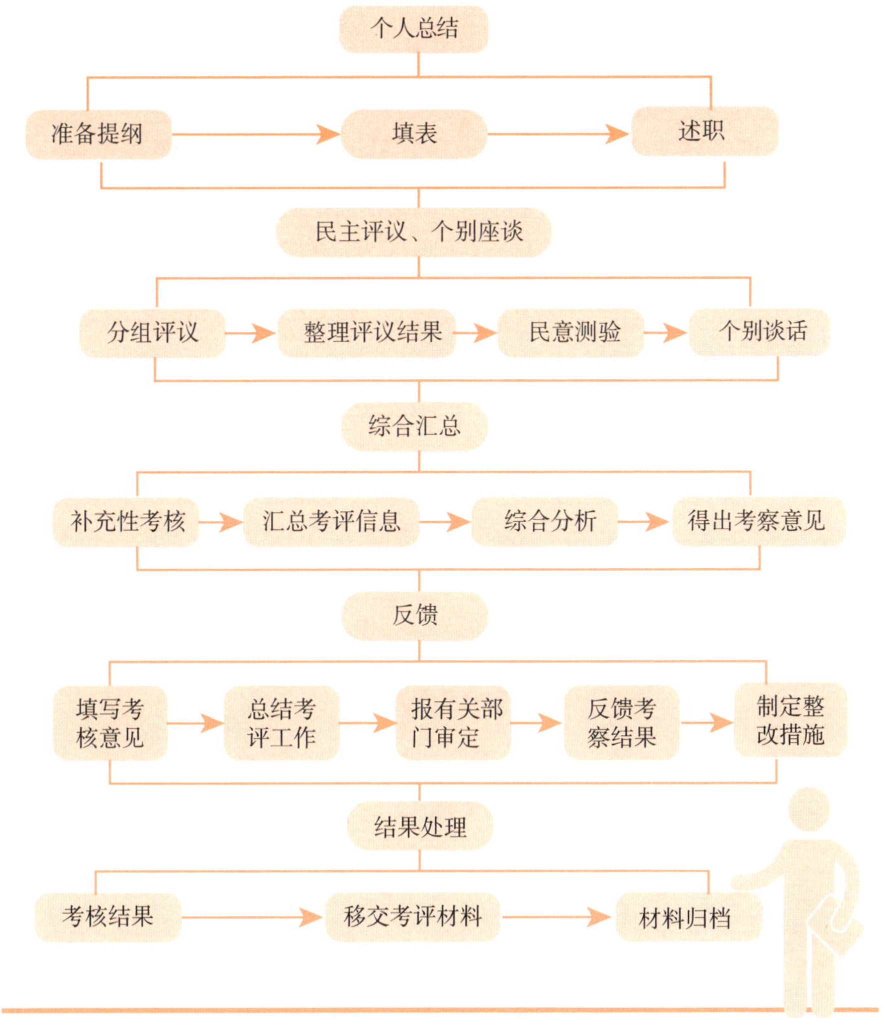

3. **党的干部考核的主要方法**

考察方法是考察人员全面了解和认识考察对象的方式和手段。科学的考察方法，应有利于快速便捷、全面准确地了解考察对象的情况，同时也有利于排除考察过程中各种因素的干扰，保证得出实事求是、客观公正的评价。《干部任用条例》所规定的 8 种考察方法，有 6 种是一般情况下应当采用的，即个别谈话、发放征求意见表、民主测评、实地走访、查阅干部人事档案和工作资料、同考察对象面谈；有 2 种可以由考察组根据考察工作的需要确定，即专项调查、延伸考察。

（1）个别谈话。指到考察对象所在地方、部门（单位）个别谈话，以及与考察对象本人谈话，主要是全面了解特定考察对象的德、能、勤、绩、廉等情况。根据考核工作的要求和个别谈话的不同情况，分类设计谈话参考提纲，针对不同考察对象分别确定谈话重点，提前发布谈话预告。个别谈话的范围，一般与参加个别谈话推荐的人员范围相同，其中包括考察对象。个别谈话可以适当扩大范围，深入了解干部的有关情况。

（2）发放征求意见表。主要是就考察对象是否同意提拔任用进一步征求干部群众的意见，实际操作中可以与民主测评结合进行。

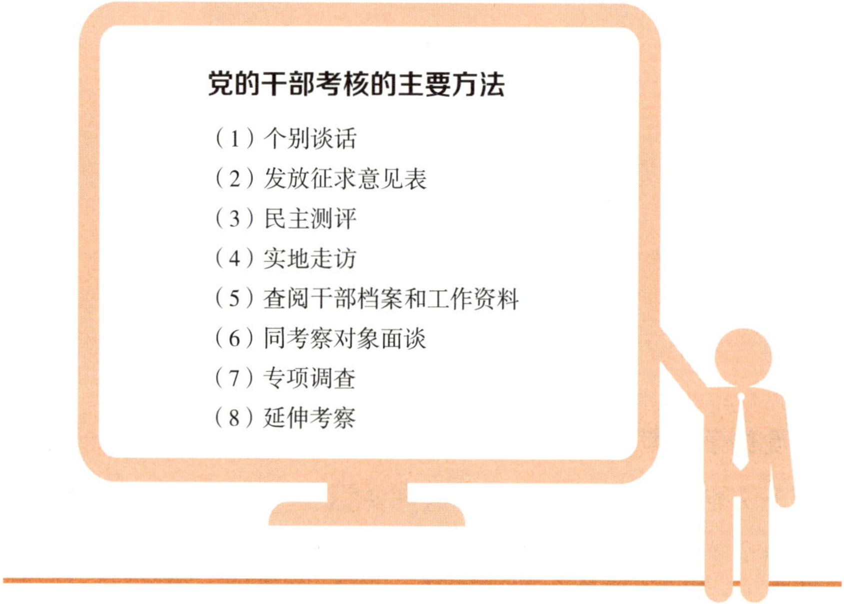

（3）民主测评。主要了解领导干部的德才表现和履行职责情况，一般按照“总体评价”和“德、能、勤、绩、廉”五个分项设计民主测评表，总体评价设置优秀、称职、基本称职、不称职四个档次，分项评价设置优秀、良好、一般、较差四个档次。

（4）实地走访。主要通过观摩、走访、察看等形式，对考察对象的工作实绩、成效和群众口碑等进行深入了解。可以查看重大民生项目，到窗口行业（如行政服务大厅、信访接待点）或街道、社区走访，根据需要对考察对象自我评价较高，但有不同看法的项目、工程等进行实地了解。

（5）查阅干部档案和工作资料。这是准确了解考察对象基本情况的重要基础工作。考察组要高度重视，指定有经验的同志专门负责，特别是要对干部的工龄、年龄、党龄、学历、工作经历等情况进行认真审核把关。

（6）同考察对象面谈。可以采取考察组集体面谈的方式进行，进一步了解其适应职位能力、思想作风、发展潜力和心理素质等方面的情况，印证不同考察环节的评价意见，核实反映的有关问题，深化对考察对象的了解。

（7）专项调查。是指对群众反映大、情况比较复杂，或者意见分歧较大的涉及考察对象本人及主要亲属的情况，在需要作进一步核实时，应当抽调专门人员进行调查核实。

（8）延伸考察。是指对在现工作单位任职不满两年的考察对象，应当到其原任职地方或单位采取个别访谈、民主测评等方式深入了解情况。

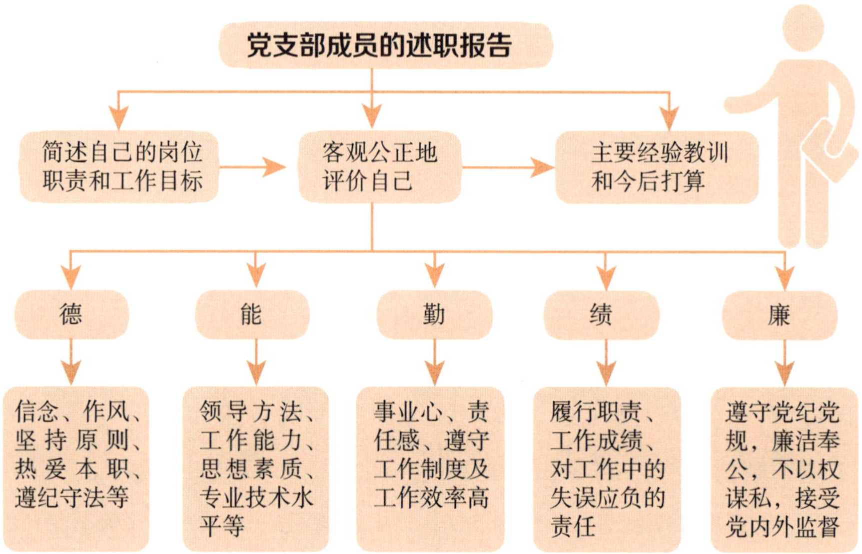

4. 领导干部考核的方式

领导干部考核方式主要包括平时考核、年度考核、专项考核、任期考核。

（1）平时考核。这是对领导班子日常运行情况和领导干部一贯表

平时考核的途径

1. 列席领导班子民主生活会、理论学习中心组学习、重要工作会议，参加重要工作活动等
2. 与干部本人或者知情人谈心谈话，到所在单位听取干部群众意见
3. 开展调研走访、专题调查、现场观摩等
4. 结合党内集中学习教育、纪委监委日常监督、巡视巡察、工作督查、干部培训等其他适当方法进行深入了解

现所进行的经常性考核，及时肯定鼓励、提醒纠偏。平时考核的重点是：考核领导班子的日常运行情况，重点了解政治思想建设、执行民主集中制、贯彻党的群众路线、科学决策、完成重点任务和反对“四风”等情况；考核领导干部的一贯表现，重点了解政治态度、担当精神、工作思路、工作进展，特别是对待是与非、公与私、真与假、实与虚的表现等情况。

（2）年度考核。年度考核是以年度为周期对领导班子和领导干部所进行的综合性考核，一般在每年年末或者次年年初组织开展。根据工作需要，各级党委（党组）每年可以选定部分领导班子和领导干部进行重点考核。

年度考核的一般程序

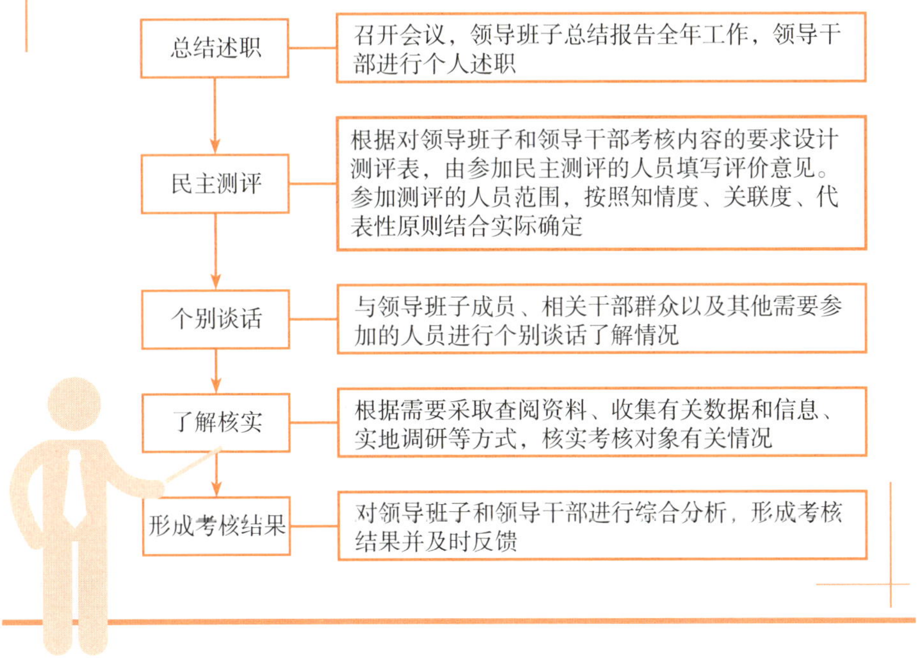

（3）专项考核。专项考核是对领导班子和领导干部在完成重要专项工作、承担急难险重任务、应对和处置重大突发事件中的工作态度、担当精神、作用发挥、实际成效等情况所进行的针对性考核。根据平时掌握情况，对表现突出或者问题反映较多的领导班子和领导干部，可以进行专项考核。

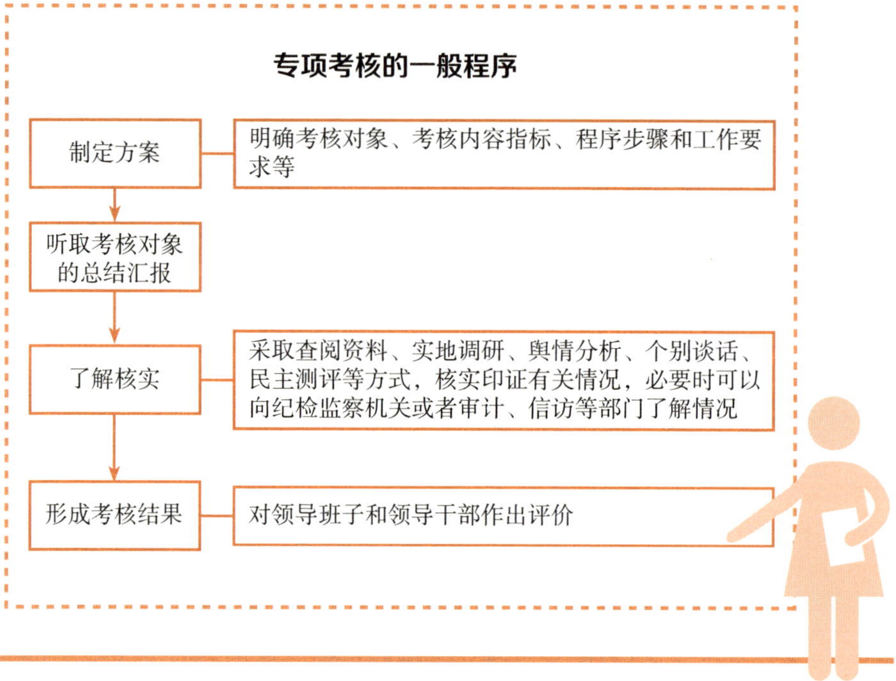

专项考核的一般程序

（4）任期考核。任期考核是对实行任期制的领导班子和领导干部在一届任期内总体表现所进行的全方位考核，一般结合换届考察或者任期届满当年年度考核进行。任期考核应当突出对完成届期目标或者任期目标情况的考核。

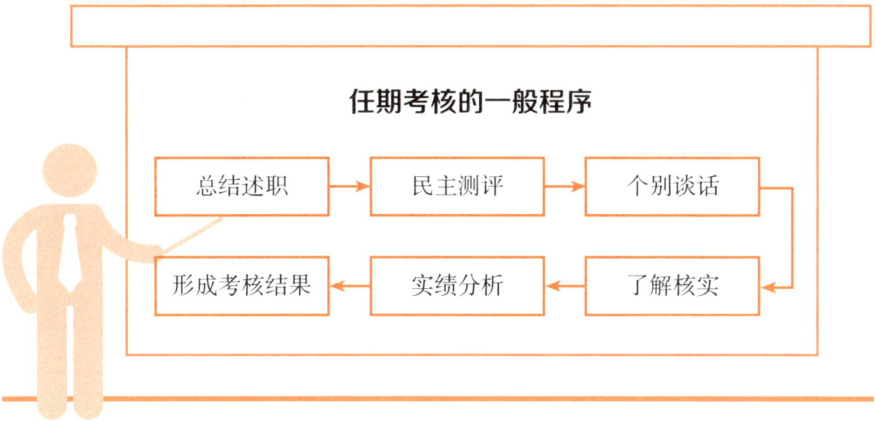

【创新案例】

湖北省房县：多举措为干部教育培训“量体裁衣”

近年来，湖北省十堰市房县干部教育培训工作坚持以党的理论教育和履职能力培训为重点，着眼培养造就忠诚干净担当的高素质专业化干部队伍，在创新培训形式、优化课程设置、提升培训实效上下功夫，不断提升干部教育培训质效。

在“学”中明方向，筑牢信仰根基。突出政治建设，把提高思想觉悟、政治能力贯穿干部培训教育工作全过程。抓牢理论教育。实施政治能力提升工程，邀请省市专家来房授课；举办“开年第一课”，引导全县干部自觉收心，以崭新的面貌投身工作；与市级同时同步举办党纪学习教育读书班；在党的二十届三中全会召开后，第一时间将学习贯彻全会精神内容作为各类培训的“必修课”。抓好党性教育。举办全县领导干部学习贯彻党的二十大精神专题培训班，采取线上线下相结合的方式对全县领导干部进行培训，示范带动全县党组织开展集中学习和研讨交流150余场次。抓实履职培训。制定《2024年度全县干部履职能力提升培训工作方案》。大力推行“课堂讲授＋现场教学＋讨论交流”“集中培训＋网络学习＋实践锻炼”的立体培训模式，丰富培训的内容和形式，帮助干部拓宽眼界、碰撞思维、推动创新，全面提高教育培训质量和效果。

在“学”上出实招，擦亮培训底色。坚持全面学、系统学、贯通学、深入学相统一。分级分类开展集中轮训，精准开展专业化能力培训和知识培训。准确把握培训需求。坚持需求导向，聚焦全县中心工作和干部能力短板，主动对标对表，认真答题破题，着眼破解干部思想观念不新等问题，真正做到“党的事业发展需要什么就培训什么、干部履职尽责需要什么就培训什么”。帮助干部及时填知识空白、补素质短板、强能力弱项，促进广大干部政治素质和业务能力“双提升”，大力推进精准培训。结合省委十二届六次、七次全会精神，以高质量发展为抓手，推进培训对象、内容、方式、学制、周期等关键要素的系统协同，举办新招录公务员培训、转业士官能力提升培训等8个行业人群培训班，持续为各级党员干部充电赋能。创新培训方式方法。严格落实“领导干部上讲台”制度，针对干部不同岗位、不同业务、不同能力需求，实施领导干部上讲台制度化、常态化，20个乡镇、79个县直部门“一把手”围绕基层案例剖析、工作经验分享、个人成长经历等方面备课讲课，形成专门“课程库”。

在“学”后见实效，站稳发展立场。干部干事创业，既要政治过硬，又要本领高强，还要有所作为。在火热实践中真抓实干。坚持抓理论武装与抓实践本领双轮驱动、同频共振，建立健全全员培训跟踪问效机制，加强全流程制度化规范化管理，有效促进学用转化。全面融入中央战略全局、省市整体布局，聚焦打造“四区一中心”五个功能定位，真抓实干、攻坚克难，在以高质量党建推动高质量发展中不断展现新担当新作为，为进一步全面深化改革、奋力谱写中国式现代化湖北实践房县篇章发挥干部教育培训的应有贡献。在落地见效上担当作为。推动干部政治素养、理论水平、专业能力、实践本领跟上全县事业发展需要，全力推进强县工程、“双集中”试点、大财政体系建设、国企深化改革等中心工作，努力打造一批在全省叫得上号、全市排得上名的典型经验。在笃定前行上行稳致远。深入推进干部能力作风建设，开展双向挂职，抽调干部到急难险重任务一线磨炼，以实绩论英雄、凭实绩用干部，倒逼干部把能力提起来，把实绩干出来，着力培养堪当重任的复合型干部。

（摘编自党员生活网 2024 年 10 月 9 日）

第九章

党的信访工作

XINSHIDAI

ZHUANZHI DANGWUGONGZUOZHE GONGZUO

SHIYONG SHOUCE

TUJIEBAN

信访工作是党的群众工作的重要组成部分，是党和政府了解民情、集中民智、维护民利、凝聚民心的一项重要工作，是各级机关、单位及其领导干部、工作人员接受群众监督、改进工作作风的重要途径。

一、信访工作的任务

信访工作的基本任务有：以全心全意为人民服务为宗旨、以实事求是为原则，依照党和国家的方针、政策、法律法令，及时恰当地处理好人民群众来信来访提出的问题，满足信访群众的正当要求，真实准确地反映群众的呼声，为实现党的总路线、总目标服务。

信访工作的具体任务有：

（1）为信访群众排忧解难，满足群众的正当要求。社会主义生产

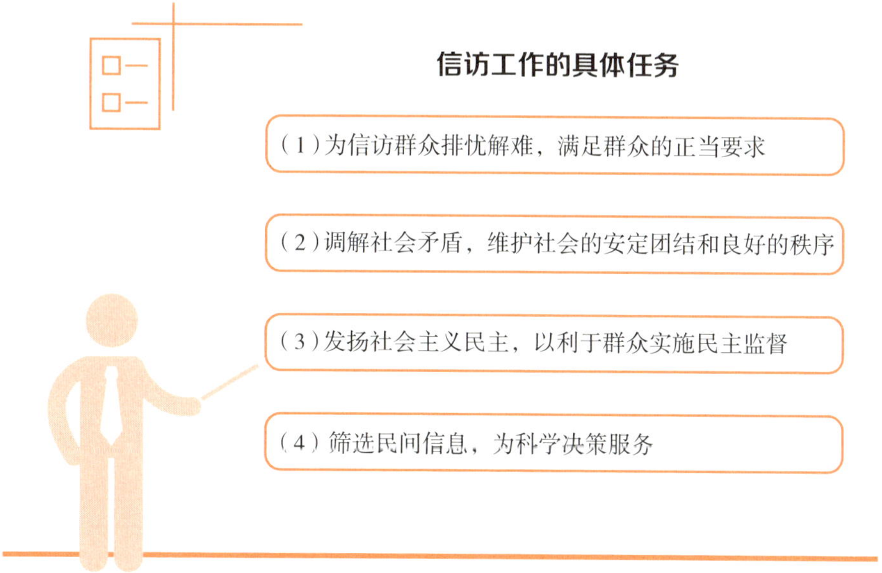

和建设的根本目的是不断满足人民日益增长的美好生活的需要。我国还处于社会主义初级阶段，物质文明和精神文明还不发达，群众生产、生活中的许多实际困难往往通过信访渠道反映出来。所以，信访工作的一个首要职责，就是从来信来访中了解人民群众的疾苦，研究人民群众的需要，认真恰当地解决人民群众提出的各种实际问题，真诚热情地为人民群众解决问题。

（2）调解社会矛盾，维护社会的安定团结和良好的秩序。在社会主义初级阶段，不安定的因素甚多，许多社会矛盾，如国家利益、社会利益与个人利益之间的矛盾，民主与集中的矛盾，领导与被领导的矛盾，群众之间的矛盾，等等，都可能通过信访渠道反映出来。如果处理不及时，就会激化矛盾，影响社会安定团结。认真及时地就地消化、缓解各种社会矛盾，促进人民内部团结，为社会主义现代化建设创造一个良好的社会环境，这是信访工作的重要任务。

（3）发扬社会主义民主，以利于群众实施民主监督。我国是人民民主专政的社会主义国家。社会主义民主的一个重要形式就是人民群众对党和国家的政治生活的监督。而当前，在领导机关和领导干部中，的确存在着一些官僚主义和违法乱纪的行为。人民群众往往直接通过信访形式来揭露这些落后的、消极的，甚至是腐败的东西。从群众的来信来访中发现并及时处理这些问题，帮助信访群众实施民主监督，是信访工作的任务之一。

（4）筛选民间信息，为科学决策服务。群众来信来访反映的问题涉及面广，现实性强。信访工作的一个重要任务就是通过处理来信来访，听取群众的呼声，了解群众的意愿，掌握群众的情绪，汲取群众的智慧，及时把有价值的民间信息输送给决策机关，为领导机关制定政策、部署和改进工作提供参考依据。

二、信访工作的一般原则

新时代信访工作要做到“诉求合理的解决问题到位，诉求无理的思想教育到位，生活困难的帮扶救助到位，行为违法的依法处理”，这就要求我们在化解社会矛盾、解决群众信访问题时必须遵循基本原则，依法办事，依法行政，及时就地解决群众合理诉求，真正实现信访在法治轨道上运行。《信访工作条例》明确了在信访工作中应当遵循以下原则。

信访工作应当遵循下列原则：

1. 坚持党的全面领导

《信访工作条例》指出，把党的领导贯彻到信访工作各方面和全过程，确保正确政治方向。坚持和完善党的领导，是党和国家的根本所在、命脉所在。习近平总书记深刻指出，“党的领导是进一步全面深化改革、推进中国式现代化的根本保证”。党的十八大以来，习近平总书记多次对信访工作作出重要指示批示，形成了习近平总书记关于加强和改进人民信访工作的重要思想。党的十八届三中、四中全会和党的十九届四中全会围绕完善信访制度、把信访纳入法治化轨道作出部署，党中央、国务院颁布《信访工作条例》，都明确指向了法治化要求，赋予了推进信访工作法治化的时代使命。推进信访工作法治化，必须把党的全面领导贯穿推进法治化改革各方面全过程，充分发挥党总揽全局、协调各方的领导核心作用，进一步统一思想、统一意志、统一行动，确保改革始终沿着正确政治方向前进。

2. 坚持以人民为中心

《信访工作条例》指出，践行党的群众路线，倾听群众呼声，关心群众疾苦，千方百计为群众排忧解难。人民对美好生活的向往，就是我们的奋斗目标。习近平总书记深刻指出，“为了人民而改革，改革才有意义；依靠人民而改革，改革才有动力”。信访工作作为党的群众工作的重要组成部分，只有坚持以人民为中心的价值取向，更好地了解民情、集中民智、维护民利、凝聚民心，让广大人民群众共享改革成果，改革才能拥有最坚实依托、最强大底气、最澎湃动力。推进信访工作法治化，必须把为人民服务作为改革根本立场，积极回应人民群众关切，系统研究解决群众反映强烈的突出问题，真正使群众信访权利得到依法保护、合理合法诉求得到依法及时解决，不断增强人民群众的获得感、幸福感、安全感。

3. 坚持落实信访工作责任

《信访工作条例》指出，党政同责、一岗双责，属地管理、分级负责，谁主管、谁负责。强调“党政同责，一岗双责”，以往权属不清、责任不明的情况得以改变。信访工作扩容到“各级党的机关、人大机关、行政机关、政协机关、监察机关、审判机关、检察机关以及群团组织、国有企事业单位”在内开展信访工作的所有机构。属地管理、分级负责，是指信访事项原则上由事发地国家机关解决，事发地国家机关解决不了的，也可以由其上一级国家机关解决，下级国家机关不能将矛盾直接推给上级国家机关。谁主管，谁负责，是指同级国家机关之间，包括同级政府各职能部门之间，应当按照信访问题的性质在各自职责范围内处理信访问题，它强调同级国家机关之间处理信访问题中的责任划分，应当以其法定职责为准。此项原则的核心要义是“事权”，即通过国家机关的“事权”来确定信访事项的办理责任归属。

信访事项发生后，首先要确定人大常委会、政府及其工作部门、法院、检察院中的哪个国家机关具有管辖权，然后再作进一步层级划分，确定由哪个级别的国家机关承担处理的责任。

4. 坚持依法按政策解决问题

《信访工作条例》指出，将信访纳入法治化轨道，依法维护群众权益、规范信访秩序。依法治国是我国的基本方略，所有国家机关和工作人员都必须严格依照法律行使权力、履行职责。信访工作作为政府与民众沟通的重要桥梁，也必须坚持依法办事，确保每一个信访案件都能在法律框架内得到妥善处理。在处理信访事项时，必须严格遵循相关法律法规，确保信访人的合法权益得到保护，同时维护社会秩序和公共利益。政策是国家为实现一定历史时期的任务和目标而制定的行动准则。在信访工作中，除了依法办事外，还需要按照相关政策来解决问题，特别是当某些问题在法律层面尚未有明确规定时，政策往往能起到重要的补充作用。信访工作机构应当密切关注国家政策的动态变化，及时将政策精神融入信访案件的处理中，确保信访工作既符合法律要求，又体现政策导向。坚持依法按政策解决问题，有助于提升信访工作的公信力和权威性。通过严格依法办事，可以确保信访案件处理的公正性和合理性，增强民众对政府的信任感。

5. 坚持源头治理化解矛盾

《信访工作条例》指出，多措并举、综合施策，着力点放在源头预防和前端化解，把可能引发信访问题的矛盾纠纷化解在基层、化解在萌芽状态。始终坚持和发展新时代“枫桥经验”，坚持工作重心前移，致力于在源头治理、防范化解信访矛盾上下功夫，把化解矛盾的重心从事后处理转移到事前预防上来。引导群众了解条例内容和信访工作“五个法治化”“双向规范”要求，进一步扩大《信访工作条例》进社区、进企业、进单位的宣讲影响力，在全社会营造办事依法、遇事找法、解决问题用法、化解矛盾靠法的良好氛围，从根本上预防和减少信访问题的发生。

三、信访人应当遵守的规定

根据《信访工作条例》，信访人应当遵守以下规定。

（1）公民、法人或者其他组织可以采用信息网络、书信、电话、传真、走访等形式，向各级机关、单位反映情况，提出建议、意见或者投诉请求，有关机关、单位应当依规依法处理。

（2）采用走访形式提出信访事项的，应当到有权处理的本级或者上一级机关、单位设立或者指定的接待场所提出。

（3）提出涉及诉讼权利救济的信访事项，应当按照法律法规规定的程序向有关政法部门提出。

（4）多人采用走访形式提出共同的信访事项的，应当推选代表，代表人数不得超过5人。

信访人在信访过程中应当遵守法律、法规，不得损害国家、社会、集体的利益和其他公民的合法权利，自觉维护社会公共秩序和信访秩序，不得有下列行为。

（1）在机关、单位办公场所周围、公共场所非法聚集，围堵、冲击机关、单位，拦截公务车辆，或者堵塞、阻断交通。

（2）携带危险物品、管制器具。

（3）侮辱、殴打、威胁机关、单位工作人员，非法限制他人人身自由，或者毁坏财物。

（4）在信访接待场所滞留、滋事，或者将生活不能自理的人弃留在信访接待场所。

（5）煽动、串联、胁迫、以财物诱使、幕后操纵他人信访，或者以信访为名借机敛财。

（6）其他扰乱公共秩序、妨害国家和公共安全的行为。

四、不断创新信访工作方式方法

信访部门是党和政府联系群众的一个重要平台，是群众向党和政府表达意见、建议和寻求解决有关问题的重要渠道。各级信访部门要强化职能定位，坚持有所为有所不为，不断改革和完善信访制度，不断创新信访工作方式方法。

1. 创新工作方法，用诚意给群众的心灵解码

“冰冻三尺，非一日之寒。”群众来信来访是有原因的，同时这也是对党和政府的信任，做好信访工作，诚意是群众心灵的解码钥匙，其着力点是解决群众反映的实际问题。

首先，要带着对群众的深厚感情去做工作。牢固树立“群众利益无小事”的观念，理解、相信、善待、关爱上访群众，把信访群众当亲人；把群众来信当家书；把群众反映的问题当家事，动真情、用真心、使真劲，设身处地为群众着想，千方百计想办法解决群众反映的问题，切实维护好群众的合法权益。

其次，对群众来信来访反映的问题，不管有理还是无理，都要认真负责地对待、取得群众理解，对情理之中、法度之外的要尽量解决；对不合理要求，要说服教育、积极引导；对要求虽然不合理，但生活确有困难的，要采取相应措施给予关心。

不断创新信访工作方式方法

1.创新工作方法，用诚意给群众的心灵解码
2.创新工作格局，形成齐抓共管的工作局面
3.创新工作机制，从源头上预防信访问题发生
4.创新政策导向，引导群众正常上访
5.创新考核制度，规范信访秩序

最后，要坚持以群众满意为标准。群众满意是检验一切工作的根本标准，也是检验信访工作的根本标准。群众反映的问题是否得到了有效解决，要看群众是否满意。群众反映的问题不管是实质性的解决，还是思想疏通性的解决，只要心锁解了，群众就会满意。

2. 创新工作格局，形成齐抓共管的工作局面

群众的上访问题是各种社会矛盾的综合反映，是各部门的共同责任，齐抓共管、协调处理、综合治理是当前适应新形势新任务的需要。

发展是第一要务，稳定是第一责任，抓好经济发展是政绩，做好信访工作、促进社会和谐稳定同样也是政绩。解决信访问题，必须按照“属地管理、分级负责”和“谁主管、谁负责”的原则，建立起党政主要领导“一岗双责”的机制和党委、政府统一领导、上下联动、齐抓共管的工作格局。领导应当亲自过问、亲自处理、亲自督办主要信访案件。实行“两套班子”机制（一套班子抓稳定，一套班子抓发展），将信访维稳工作与经济发展工作放在同样突出位置，与经济工作同部署、同检查、同落实，共同切实担负起维护社会和谐稳定和社会经济发展的重大责任。

3. 创新工作机制，从源头上预防信访问题发生

“群众利益无小事。”许多矛盾爆发都是由小问题的堆积而形成的，一个重要原因就是源头治理不够，只看到问题的表面，而忽视了问题的根源，结果是一边在解决老问题，一边又在制造新矛盾。做好信访工作，必须在解决现有问题的同时，致力于源头治理，在治本上下功夫，从源头上预防和减少问题与矛盾。

一要切实解决好民生问题。在经济发展中努力改善民生，使发展成果普惠于广大群众、特惠于困难群体，让改革发展过程成为为群众排忧解难、不断提高人民群众生活水平的过程，此为从源头上预防信访问题发生的关键。

二要健全矛盾纠纷排查化解工作机制。信访工作必须把重心从事后处理转移到事前排查化解上来，对于苗头性、倾向性问题，尤其是群众反映强烈的热点、难点问题，要坚持开展矛盾纠纷排查化解工作，做到发现得早、化解得了、控制得住、处理得好，努力把问题解决在萌芽状态，解决在基层。

三要改革和完善决策机制。建立健全人民建议征集制度，健全重大决策社会稳定风险评估机制和决策纠错改正机制，落实决策责任追究制度，提高科学民主依法决策水平。

4. 创新政策导向，引导群众正常上访

“防民之口，甚于防川。川壅而溃，伤人必多，民亦如之。是故为川者决之使导，为民者宣之使言。”信访是宪法赋予公民的政治权利，畅通和拓展信访渠道是充分尊重和保护信访人的信访权利。坚决纠正一切“拦卡堵截”正常上访群众的做法。引导群众依法理性表达个人诉求，在反映问题时，要按规定前往指定接待场所信访，禁止到党委、政府大门口和重要会议会场、重要活动场所等敏感区域聚集上访，纠正上访人员的错误观念和投机心理，切实树立“非正常上访不仅无助于问题的解决，而且还要受到依法追究”的信访工作导向。

5. 创新考核制度，规范信访秩序

考核制度是一项工作的指挥棒，考核方式决定工作模式，近年来信访工作特护期多、时间长、压力大，加之上级部门层层用信访数量考核信访工作，迫使基层政府投入大量精力用于重点人员的稳控、送返，造成行政成本剧增。例如：为减少进京非正常上访登记量，地方政府只能不计成本开展工作，甚至不惜违背政策满足上访诉求，甚至是无理诉求。加上到市、赴省、进京接访的交通、食宿等高成本，地

党的信访工作程序

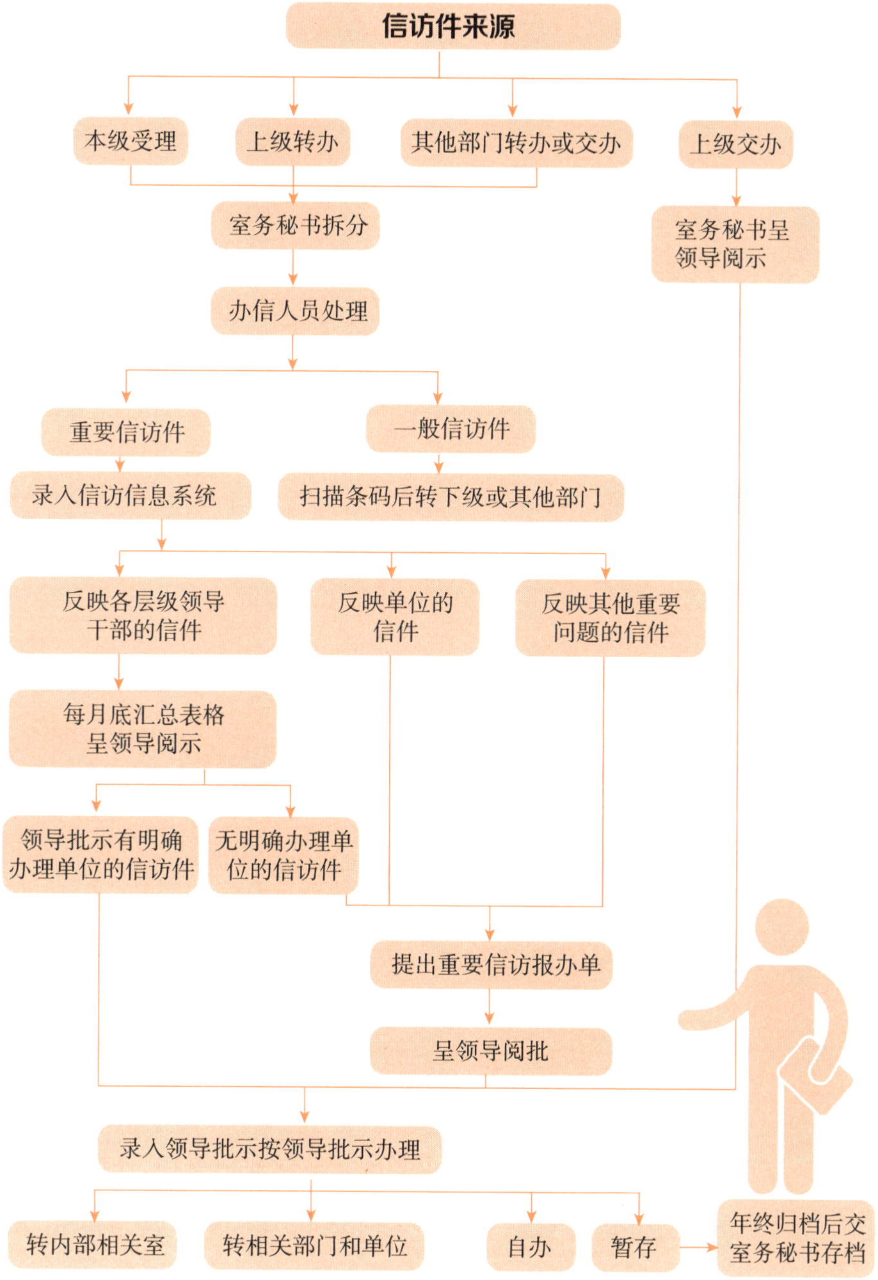
信访件来源
本级受理
上级转办
其他部门转办或交办
上级交办
室务秘书拆分
室务秘书呈
领导阅示
办信人员处理
重要信访件
一般信访件
录入信访信息系统
扫描条码后转下级或其他部门
反映各层级领导
干部的信件
反映单位的
信件
反映其他重要
问题的信件
每月底汇总表格
呈领导阅示
领导批示有明确
办理单位的信访件
无明确办理单
位的信访件
提出重要信访报办单
呈领导阅批
录入领导批示按领导批示办理
转内部相关室
转相关部门和单位
自办
暂存
年终归档后交
室务秘书存档

方政府为此耗费了巨大财力和人力。

针对上访群众应坚持“宜疏不宜堵”和“宜劝不宜接”的原则，堵则不通，让群众说出来、道出来，并依法引导群众自行返回当地。近几年出现一种怪象——“群众越级上访、政府花钱买单”。越级上访滋生了部分上访群众的不良心理。因此，以“疏为上策”，明文规定信访禁区，对群众到市、赴省、进京的涉访违法行为，由当地公安机关按照属地原则，组织调查取证并就地依法实施打击处理，切实保证“正常上访得到保护，无理上访得到控制，非法上访必须严惩”，切实规范信访秩序。

【创新案例】

把信访工作做到群众心坎上

信访工作是党的群众工作的重要组成部分，是了解社情民意的重要窗口。党的十八大以来，习近平总书记就加强和改进人民信访工作作出系列重要指示和重要论述，形成了习近平总书记关于加强和改进人民信访工作的重要思想，为做好新时代信访工作提供了根本遵循。各地区各部门深入学习贯彻习近平总书记关于加强和改进人民信访工作的重要思想，切实把信访工作做到群众心坎上，更好为群众服务。上海市不断优化信访事项办理方式，重点针对情况复杂需要协商调解，当事人表达能力有限、行动不便等信访事项，探索信访事项上门办理工作机制，努力为群众解决急难愁盼问题。

坚持人民信访为人民的价值理念。习近平总书记强调：“各级党委、政府和领导干部要坚持把信访工作作为了解民情、集中民智、维护民利、凝聚民心的一项重要工作，千方百计为群众排忧解难。”我国信访制度有力维护和实现人民合法权益，体现了我们党全心全意为人民服务的根本宗旨。深入基层一线，走到人民群众之中，有利于把信访工作做到群众心坎上，把人民信访为人民的价值理念落到实处。探索信访事项上门办理，热情、规范、高效提供信访服务，面对面了解群众诉求、推动问题解决，主要目的是强化信访工作机构与政府职能部门的服务意识，落实首办责任，在规定时限内为群众提供满意的信访服务。继续推进这项工作，要始终坚持人民信访为人民的价值理念，进一步探索信访办理由被动向主动转变、由解民忧向纳民智拓展，务实解决事关群众切身利益的问题，使信访制度改革创新成果更多惠及人民群众。

落实维护群众合法权益的实践要求。习近平总书记指出：“信访是送上门来的群众工作，要通过信访渠道摸清群众愿望和诉求，找到工作差距和不足，举一反三，加以改进，更好为群众服务。”信访工作是党和政府密切联系群众的桥梁和纽带。信访无“小事”，每一件都关乎群众切身利益。探索信访事项上门办理，通过实地探访民情，与群众近距离沟通，有利于真切了解群众想什么、盼什么，要求什么、反对什么，找到有效管用的解决对策。继续推进这项工作，要真正扑下身子、沉到现场，把复杂的情况摸透，把困扰群众的问题找准，依法及时就地解决群众合理诉求，化解群众所忧、实现群众所盼。要带着感情、带着责任上门，把群众的事当成自己的事，发挥好信访“连心桥”作用，让群众感受到党和政府的温暖。既要重视疏导和化解群众矛盾，也要聚焦民生保障、社会治理的短板弱项主动征求群众意见建议，收集好想法好建议，真正把解决信访问题的过程作为践行党的群众路线、做好群众工作的过程。

运用源头治理信访问题的工作方法。习近平总书记强调：“注重源头预防，夯实基层基础，加强法治建设，健全化解机制，不断增强工作的前瞻性、系统性、针对性。”新时代，人民群众在民主、法治、公平、正义、安全、环境等方面的要求日益增长，群众信访诉求更加多元化、多层次。这就要求我们更加注重源头治理，努力将矛盾纠纷化解在基层、化解在萌芽状态。探索信访事项上门办理工作机制，信访工作人员走进群众家中，与群众坐在一起，倾听群众呼声，一些诉求被及时感知，使之化解在矛盾产生之前。继续推进这项工作，要坚持源头化解，注重关口前移，把定期排查与动态排查结合起来，把排查与化解结合起来，切实将矛盾风险隐患发现在早、防范在先、处置在小。善于运用法律、政策、经济、行政等多种手段和教育、调解、疏导等多种办法，切实解决群众的合理诉求。

（摘编自《人民日报》2024年2月20日，作者：吴涛）

第十章

党的群众工作

XINSHIDAI

ZHUANZHI DANGWUGONGZUOZHE GONGZUO

SHIYONG SHOUCE

TUJIEBAN

党的十八大以来，“人民”“群众”成为习近平总书记重要讲话中的高频词语。“增强群众工作本领，创新群众工作体制机制和方式方法”这一掷地有声的号令，为做好新时代党的群众工作指明了前进方向、提供了重要遵循。

一、群众工作的主要任务

发动群众，向群众宣传党的主张。及时、准确和全面地把党的方针政策原原本本地传达给群众，使群众能够了解党的主张，拥护党的主张，把群众的思想统一到党的路线方针政策上来，把党的主张变为广大群众的自觉行动。

教育群众，帮助群众提高思想政治觉悟和业务水平。要组织广大

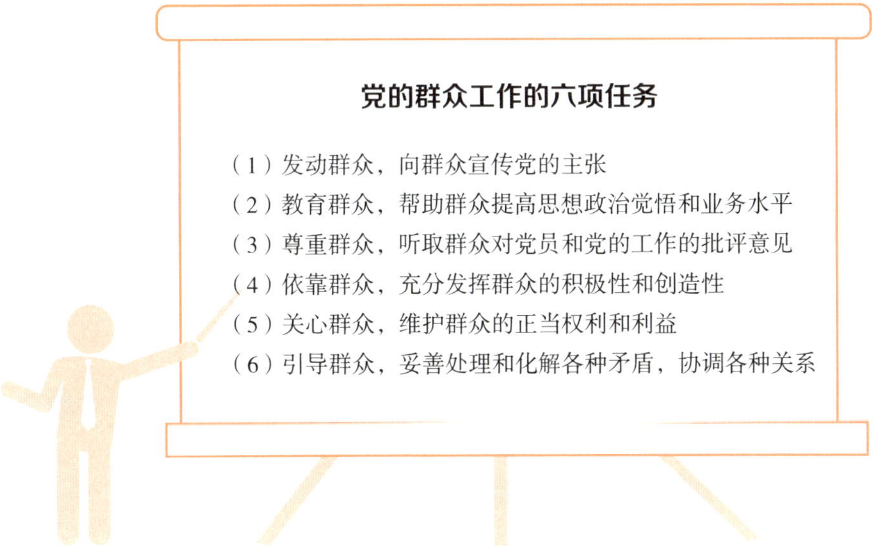

群众学习党的基本理论、基本路线、基本方略和基本知识，学习科学文化和业务技术，帮助群众提高思想政治觉悟，掌握现代化建设的技能和本领。

尊重群众，听取群众对党员和党的工作的批评意见。通过各种渠道，经常地了解群众对党员和党的工作的意见和建议。对群众提出的意见和建议，党支部要认真加以研究，能采纳的要尽可能地采纳，实在不能采纳的，要给群众以说明解释。

依靠群众，充分发挥群众的积极性和创造性。要把人民群众积极性和创造性调动好保护好发挥好。工作中要相信群众，尊重群众的首创精神。要依靠群众，向群众学习，从群众的工作实践中汲取智慧和营养，总结群众创造的新鲜经验，推动工作的开展。

关心群众，维护群众的正当权利和利益。要把群众的切身利益放在心上，全心全意为群众谋利益，关心群众疾苦，注意群众想什么，缺什么，苦恼是什么。要尽力为群众办实事。要切实保证群众的当家作主地位，维护群众的正当权利，支持群众参与决策、监督党员干部等。

引导群众，妥善处理和化解各种矛盾，协调各种关系。要努力协调好各方面的关系，处理好各种矛盾。一般来说，党支部协调关系主要是协调党、政、工、团的关系和群众同行政领导的关系。党支部化解矛盾主要是化解国家、集体、个人利益之间的矛盾和领导与群众之间的矛盾，以及群众之间的矛盾。

宣传教育群众，尊重依靠群众，组织引导群众，提高群众的思想政治觉悟，调动群众的积极性，是党的群众工作的基本任务。

二、群众工作的基本方法

做好群众工作，既要明确群众工作的任务，又要采取正确的方法。毛泽东就曾作过这样的比喻：“我们的任务是过河，但是没有桥或没有船就不能过。不解决桥和船的问题，过河就是一句空话。”就群众工作来说，方法同样重要。在做好群众工作的方式方法上，概括起来，主要有以下几种。

从群众中来，到群众中去。所谓从群众中来，就是领导者要深入群众，把来自各方面的分散意见集中起来，经过分析研究，整理概括，形成集中的系统的意见，最终形成党的路线方针政策以及工作计划、方案等。所谓到群众中去，就是把集中起来的群众意见，再回到群众中去，接受实践的检验，正确的再到群众中坚持下去

从群众中来，到群众中去。习近平总书记强调，我们党工作的重要方法论：“好的方针政策都应该来自人民、顺应人民的意愿、符合人民的所思所想。党的领导工作的正确方法就是将群众意见集中起来形成正确的决策，又到群众中宣传解释，将决策化为群众的行动，并在群众实践中检验这些决策是否正确。”中共中央办公厅印发的《关于做好党员联系和服务群众工作的意见》中提出了许多党员联系和服务群众的好方法，例如：与群众“联户”、结对帮扶困难群众、参加主题实

践活动、履行“党员承诺”、参加“设岗定责”活动、参加社会公益活动、定期接待群众和深入基层调研等，这些方式方法都应该坚持，并在实践中不断发展创新。联系群众、服务群众做好了，党支部才能做好群众工作。

一般号召和个别指导相结合。一般号召即通过各种形式和途径，作一般的普遍的号召，动员和教育广大群众行动起来，为实现工作目标和完成工作任务而奋斗。个别指导即领导干部直接深入基层组织和群众中，蹲点调查，“解剖麻雀”，取得经验，之后以点带面，推动面上的工作。党支部做好群众工作，也要很好地使用这一方法，不仅要注意一般号召，而且要从实际出发，坚持个别指导，提高做群众工作的针对性。

领导骨干和广大群众相结合。这是指不仅要发挥领导骨干的作用，还要调动广大群众的积极性，使他们的潜力得以充分发挥。习近平总书记指出：“广大党员、干部要把各方面新情况新问题新期待，特别是贯彻落实党的路线方针政策的意见和建议、社会各方面关注的热点焦点问题收集起来，通过合适渠道反映上来，多建睿智之言，多献务实之策，为党中央决策提供依据。”

抓两头，带中间。即通过发现、培养、依靠少数群众积极分子作为工作骨干，通过这些群众骨干团结、引导处于中间状态的多数群众，带动少数后进群众，最终使广大群众紧密团结在一起，把各项工作不断向前推进。用好这一方法，一方面要善于发现和培养典型，运用先进人物的先进事迹、先进经验去教育引导广大群众，使群众学有榜样。另一方面，要正确对待后进群众，注意发现他们身上的长处，对他们取得的工作成绩要及时给予表扬。要亲近他们，团结他们，激励他们不断进步，促使他们向先进转化。

说服教育，积极引导。做群众的思想工作，通常情况下多是采取民主的、说服的、批评教育的方法来进行。不要采取强迫命令、以势压人的办法，更不能用残酷斗争、无情打击的办法来解决。对群众说服教育时，态度要诚恳，要有耐心和信心。有时，群众对某一个问题有想法和看法，一时转不过弯儿来，要给群众思考的时间，而且要为群众思想上有反复提前做好准备工作。说服教育要“晓之以理，动之以情”，通过摆事实、讲道理，达到以理服人的效果。教育引导要讲究科学性、艺术性，用朴素的话语、生动的事例，做好群众的思想引导工作。

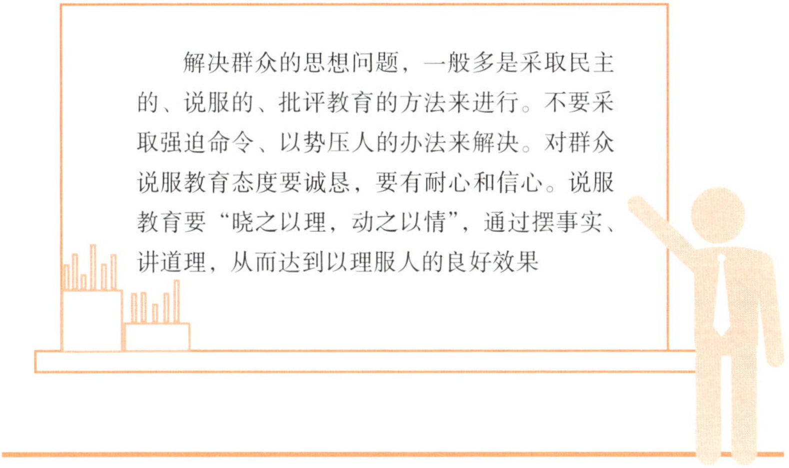

三、党员服务群众工作的主要方式

密切联系群众是我们党的优良传统和政治优势。党员联系和服务群众制度是密切党群关系的有效措施，是一项富有成效的思想政治工作制度。

1. 结对帮扶困难群众

有帮扶能力的党员要与困难群众结成帮扶对子。既要立足于解决群众的实际困难，又要帮助他们树立信心，提高工作技能，自强自立。

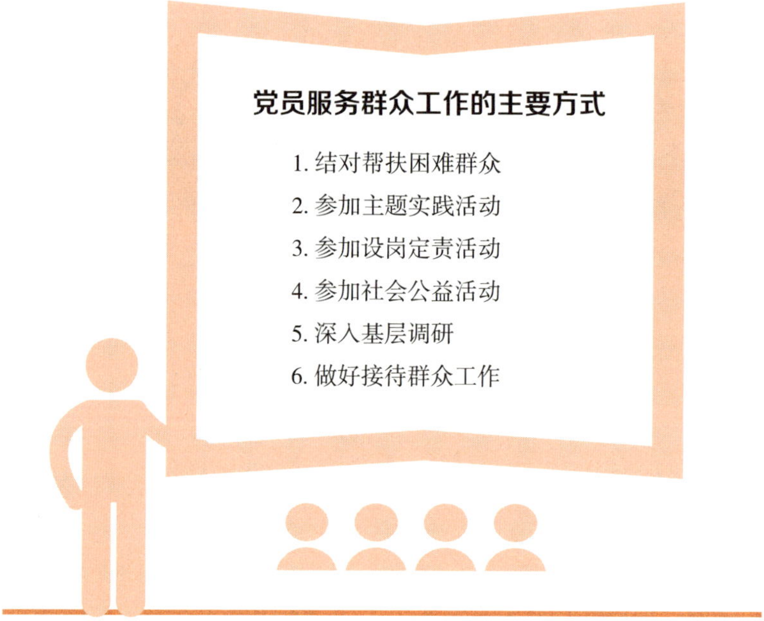

2. 参加主题实践活动

党员要积极参加党组织开展的以服务群众为主要内容的主题实践活动，推行党员承诺，有条件的党员每年要承诺为群众办一两件实事。承诺内容要切合实际，具体可行，履行承诺的情况要自觉接受党组织和群众的监督。

3. 参加设岗定责活动

农村和街道社区党员，要根据自身实际情况，按照自主申报和组织安排相结合的办法，选择所在党组织设立的联系和服务群众岗位，履行岗位责任，努力做好联系和服务群众工作。

4. 参加社会公益活动

党员要积极参加所在地建立的志愿者队伍，开展多种形式的便民、利民活动，义务参加党员服务站（点）的工作。积极参加政府或社会团体组织的扶贫、支教、保护环境和关心下一代等志愿者服务活动。积极参加帮助生活困难群众的捐赠活动。

5. 深入基层调研

各级领导机关的党员干部要进一步转变作风，深入基层调查研究。省、部级党员领导干部每年至少要有 1 个月时间，市、县两级党员领导干部每年至少要有 2 个月时间，深入联系点和基层单位调研，特别要注意深入到艰苦地方、困难地方和问题多的地方，听取群众意见，走访慰问困难群众，帮助基层和群众解决实际问题。要坚持民主决策，把调查研究的成果作为决策的重要依据，充分体现和维护群众的利益。调查研究要讲求实效，切忌形式主义。

6. 做好接待群众工作

党员干部特别是党员领导干部要根据各自岗位职责，定期接待群众，认真听取意见和建议。对群众反映的问题，包括信访中反映的问题，能够解决的要及时解决，受客观条件限制暂时不能解决的，要向群众做好解释工作，并协调有关部门创造条件逐步加以解决。

党员领导干部在联系和服务群众的过程中，要注意加强同民主党派和无党派人士的联系，经常听取他们的意见和建议。

鼓励基层党组织和党员不断创新联系和服务群众的方式方法，并把好经验好做法及时推广运用到联系和服务群众的工作中去。

【创新案例】

坚持和发展新时代“枫桥经验”

习近平总书记强调：“要坚持好、发展好新时代‘枫桥经验’，坚持党的群众路线，正确处理人民内部矛盾，紧紧依靠人民群众，把问题解决在基层、化解在萌芽状态。”新时代新征程，我们要认真学习贯彻习近平总书记重要指示精神，坚持和发展新时代“枫桥经验”，创新矛盾纠纷化解方式方法，完善基层治理体系，健全城乡基层治理体系和乡村治理协同推进机制，推进社会治理数字化，筑牢社会和谐稳定的基础，为中国式现代化提供有力支撑。

……

坚持预防在先，实现从预防到化解的全过程管理

社会治理既要抓末端，治已病，更要抓前端，治未病，防患于未然，避免纠纷产生。坚持和发展新时代“枫桥经验”，就要推动更多力量向引导疏导端用力，深入研究诱发各类矛盾纠纷发生的深层次原因，加强源头治理、关口把控，从源头预防矛盾纠纷的发生。在纠纷已经出现但未形成诉讼时，通过各种非诉途径，避免纠纷进入诉讼程序。在纠纷已经进入诉讼程序时，健全各种“诉非对接”方式，高效解决纠纷。要完善预防性法律制度，在预防方面建立健全包括预警、排查、报送、包案、督办、处置等制度在内的制度体系，促进预防化解矛盾常态化、规范化、制度化。同时，要避免矛盾纠纷化解重事中、轻事前、淡事后的情形，在矛盾纠纷产生之前的预警、研判、分析以及矛盾纠纷化解之后的跟踪、回访、评估、疏导上下更大功夫，实现从预防到化解的全过程管理。

坚持调解优先，发挥人民调解在矛盾纠纷化解中的基础性作用

坚持和发展新时代“枫桥经验”，要完善非诉讼纠纷解决机制，及时把矛盾纠纷化解在基层、化解在萌芽状态。我国具有明确法律依据的非诉讼纠纷解决方式包括人民调解、行政调解、行政复议、行政裁决、公证、仲裁、司法调解等，这些方式有助于社会关系的及时修复，促进矛盾和纠纷依法、有效化解。其中，调解是非诉讼纠纷解决方式的核心，包括人民调解、行政调解和司法调解三大类。人民调解是我国社会主义法治建设中的一项伟大创举，在基层矛盾纠纷化解中发挥了主渠道作用。事实证明，通过调解，大量的矛盾纠纷在成诉前得到有效化解，促进了社会和谐稳定。坚持和发展新时代“枫桥经验”，应做好人民调解、做实行政调解、做强司法调解，充分运用各种调解形式，认真解决涉及群众切身利益的问题。

坚持依法办事，运用法治思维和法治方式推进基层治理

运用法治思维和法治方式解决矛盾纠纷，是新时代“枫桥经验”的一个鲜明特点。第一，要将矛盾纠纷化解纳入法治轨道。明确政府部门、群团组织和社会力量在矛盾纠纷化解中的职能作用，推动职能部门依法履职，加强配合，构建调解优先、分层递进、司法兜底的矛盾纠纷多元化解工作体系。第二，规范各类纠纷化解方式，完善相关解纷方式的司法确认程序，提升纠纷化解工作质效。第三，进一步加强普法工作，推动全社会树立法治意识。要聚焦人民群众关切和急难愁盼，将矛盾纠纷化解同普法宣传紧密结合，持之以恒开展民法典等法律法规宣传普及，形成守法光荣、违法可耻的社会氛围。第四，抓住领导干部这个“关键少数”，充分发挥其在法治建设中的示范带动作用。各级领导干部在推进全面依法治国方面肩负着重要责任，在谋划工作和处理问题时，要遵循法律法规、运用法治思维，时刻绷紧法治这根弦，切实提升依法办事能力。同时，要积极推进信访工作法治化，将信访纳入法治化轨道，引导各地各部门坚持用法治思维认识问题、用法治方式解决问题，保障合理合法诉求依照法律规定和程序就能得到合理合法的结果。

坚持数字赋能，推动基层治理方式创新

“枫桥经验”发展到今天，最重要的成果和最鲜明的特色就是实现自律和他律、刚性和柔性、治身和治心、人力和科技相统一。随着科技快速发展，数字技术为社会治理方式创新提供了有利条件。坚持和发展新时代“枫桥经验”，要强化科技和信息平台支撑，构建横向的信息沟通渠道和纵向的信息表达渠道，不断提升基层社会治理效能。要加强数字基础设施建设，完善5G、云计算、物联网等新型基础设施，推动数字技术与社会治理深度融合。充分利用社会治理数据资源，优化调配公共资源，完善数据链条，创新数据应用，发展普惠共享的数字公共服务，推动建设矛盾纠纷多元化解信息系统，用科技力量促进社会治理机制不断完善，更好助力矛盾纠纷预防化解。

（摘编自河北新闻网2024年1月31日，作者：李靖、李北凌）

第十一章

党的选举工作

XINSHIDAI

ZHUANZHI DANGWUGONGZUOZHE GONGZUO

SHIYONG SHOUCE

TUJIEBAN

党内选举是中国特色社会主义民主政治的重要组成部分，是党选任领导干部的有效途径。党的十八届六中全会通过的《关于新形势下党内政治生活的若干准则》明确指出，党内选举必须体现选举人意志，规范和完善选举制度规则。党的任何组织和个人不得以任何方式妨碍选举人依照规定自主行使选举权，坚决反对和防止党员侵犯选举权和被选举权的现象，坚决防止和查处拉票贿选等行为。这些规定为新形势下党内选举的发展提出具体的明确要求。

一、党内选举工作的基本要求

党章和《中国共产党基层组织选举工作条例》都规定，党内选举要充分发扬民主，真正体现选举人的意志。充分体现选举人的意志，是党内选举的基本要求。实现这个要求，必须遵循党内选举的基本原则。

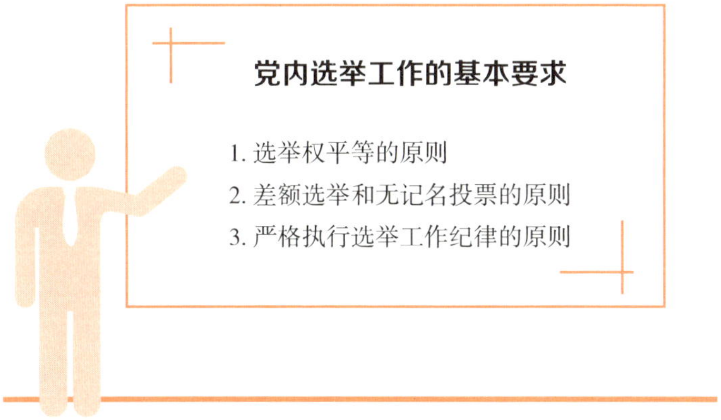

1. 选举权平等的原则

选举权即参加选举的权利。就党员或党员代表而言，就是在党内选举中，按照自己的意愿，参加选举党的委员会或出席上级党代表大会代表的权利。与此相联系的是被选举权。就党内选举而言，指的是党员在党内选举中被选为党的各级委员会成员或各级党代表大会代表的权利。根据党章和党内有关文件规定，正式党员都享有选举权和被选举权。预备党员、正在受留党察看处分的党员以及在党员登记中被不予登记、暂缓登记的党员没有选举权和被选举权。此外，只持有党员临时组织关系证明信的党员，在临时所在单位也没有选举权和被选举权。党内选举权平等原则的基本要求，一是所有党员或代表都应在平等的基础上参加选举和公平竞争；二是党组织要保障党员的选举权和被选举权。

2. 差额选举和无记名投票的原则

党内选举有两种形式，一是等额选举，二是差额选举。

等额选举是指候选人数与应选人数相等的选举。其缺陷主要是选举人对被选举人缺少选择的余地，容易使候选人成为变相的指定当选人，不利于发扬党内民主和体现选举人的意志，也使选举成为走过场的形式。因此，党内选举对等额选举的范围进行了严格的限制，一般只限于党的各级委员会和纪律检查委员会的书记、副书记的选举。

所谓差额选举，就是在选举中实行候选人数多于应选人数的不等额选举。按照《中国共产党基层组织选举工作条例》的规定，党的基层委员会、总支部委员会、支部委员会和各级纪律检查委员会，以及经上级党组织批准设立的党的基层委员会常务委员会的委员，都要实行差额选举；其中委员会委员的差额，不少于应选人数的 20%；常务委员会候选人名额，要比应选名额多一至二人。

差额选举的形式有两种：一是直接采用候选人数多于应选人数的差额选举办法进行选举；二是先采用差额选举办法进行预选，产生候选人名单，然后进行正式选举。

此外，在党内的选举中，还有一种不提出候选人直接由选举人“海选”的办法。这也是差额选举的一种形式，适用于党员数量较少、党员之间比较了解的党组织的选举，党支部选举中用这种形式的比较多。

党章规定，选举采用无记名投票的方式。它可以使选举人不受候选人在场的影响，充分表达自己的意愿，选出自己信得过的人。

3. 严格执行选举工作纪律的原则

在党的基层组织选举中，凡是违反党章和有关规定，采用威胁、欺骗、拉拢、书写大字报、散发传单以及追查选票、虚报票数、打击报复等手段，或利用家族、宗派势力等妨碍选举人自由行使选举权利、表达本人意愿的行为，都是损害选举人行使民主权利的行为。一经发现，有关党组织必须及时制止、纠正和认真查处，根据问题的性质和情节轻重，可以作出选举无效、责令重新进行选举的决定（须报上一级党组织批准，正式宣布执行），并对有关党组织和党员进行批评教育，直至给予纪律处分。

二、党支部选举的任务

党支部的选举任务主要有以下三项：

1. 按期改选本级党支部委员会

《中国共产党支部工作条例（试行）》规定：“村、社区党支部委员会每届任期 5 年，其他基层单位党支部委员会一般每届任期 3 年。”党支部委员会任期届满后，必须按期进行换届选举，这是健全党内民主的一项重要内容。没有正当理由，随意拖延换届选举时间，甚至长期不进行换届选举，是一种违背党的民主集中制原则，践踏党员民主权利的行为。对此，党员有权提出批评和意见，上级党组织应严肃对待和处理。

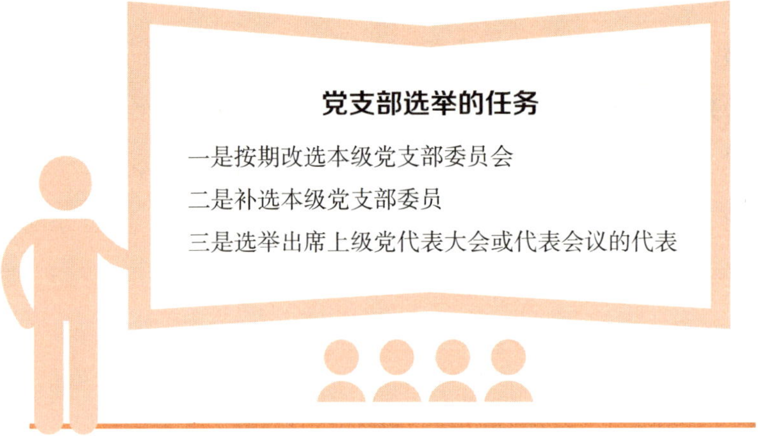

当然，如果有特殊情况和正当理由，提前或延期进行换届选举也是允许的，但必须写出报告，报上级党组织批准。上级党组织批复后，党支部委员会要将提前或延期的决定通知所属党员。未经上级党组织批准，擅自拖延换届选举时间的，上级党组织应给予严肃批评，责令限期进行换届选举。对于情节严重的，要对党支部主要负责人给予党纪处分。

党支部委员会提前改选有几种情况：一是委员缺额较多，使党支部工作受到严重影响的；二是党支部委员会存在严重问题，党员强烈要求改选的；三是由于其他原因，上级党组织决定提前改选的。党支部委员会延期改选有以下几种情况：一是多数委员被派遣临时外出工作，无法按期改选的；二是任期届满时，正值集中一段时间完成某项紧迫任务难以改选的；三是遇到某些突发性事件或自然灾害等，需要党支部全力以赴去处理的；四是党支部存在问题正在进行整顿，改选条件不具备的；五是党员外出较多，到会达不到规定人数的；六是新建立的单位，选举条件不成熟的，以及由于其他原因由上级党组织决定延期改选的。延长换届选举时间的延长期一般不得超过两年。

2. 补选本级党支部委员

补选党支部委员，一般是换届改选后的党支部委员会，由于党支部成员工作变动或其他原因出现缺额，影响党支部工作的正常开展时，要召开党支部党员大会进行补选。补选党支部委员是在原党支部成员的基础上进行增补。有下列情况之一者，均应视为缺额，应予补选：党支部委员因故调离，或本人辞职，党支部委员离休退休或患严重疾病不能履行职务的；党支部委员受到撤销党内职务以上处分的。党支部书记或副书记因故调离，而本届党支部委员会任期未满，在这种情况下，上级党组织可以根据工作需要，任命新的书记或副书记。

党支部委员会成立以后，如果出现缺额情况应及时向上级党组织报告，并提出补选意见，在上级党组织同意后，才能召开党支部党员大会进行补选。补选党支部委员，也要充分发扬民主，酝酿好候选人，经党支部党员大会以无记名投票方式选举产生，然后报上级党组织批准。其他党支部的委员调入本支部的，不能成为本支部的当然委员，也不作为党支部委员会缺额时的当然补缺对象。上级党组织推荐作为本支部委员的，也必须进行补选。党支部书记或委员调到另一单位，并转去了党的正式组织关系，他在原单位的党内职务就自然免除。如果返回原单位，也不能自然恢复其党内职务。无论是指派的党支部书记、副书记，还是补选的党支部委员，其任职均至本届党支部委员会届满为止。

3. 选举出席上级党代表大会或代表会议的代表

党支部选举出席上级党代表大会代表的条件和名额，必须按照上级党组织的要求办理。

出席上级党代表大会的代表，必须是在党员中有威信和受到信赖的正式党员。党员代表大会的代表，应能反映本选举单位的意见，代表党员的意志。选举出席上级党代表大会的代表时，候选人不限于本支部范围的党员，只要是党代表大会所属党组织范围内的党员，都可以被选为代表。任何人都不能不经选举而作为党员代表大会的代表。

出席上级党代表大会的代表，一般应由党支部党员大会直接选举产生。在选举前，可根据上级党委规定的代表条件的名额，由党支部委员会组织全体党员酝酿、提名候选人，然后党支部委员会根据多数人的意见确定候选人，候选人数应多于应选人数的20%，最后提交党支部党员大会直接投票选举。

三、基层党组织选举工作流程

《中国共产党基层组织选举工作条例》规定：“党的基层组织设立的委员会一般由党员大会选举产生。党员人数在500名以上或者所辖党组织驻地分散的，经上级党组织批准，可以召开党员代表大会进行选举。”本部分工作流程仅提供有关召开党员代表大会进行换届选举的工作项目及主要议程，其具体内容和样例，请参照党代表大会组织工作流程相关部分。

党员代表大会筹备、召开流程

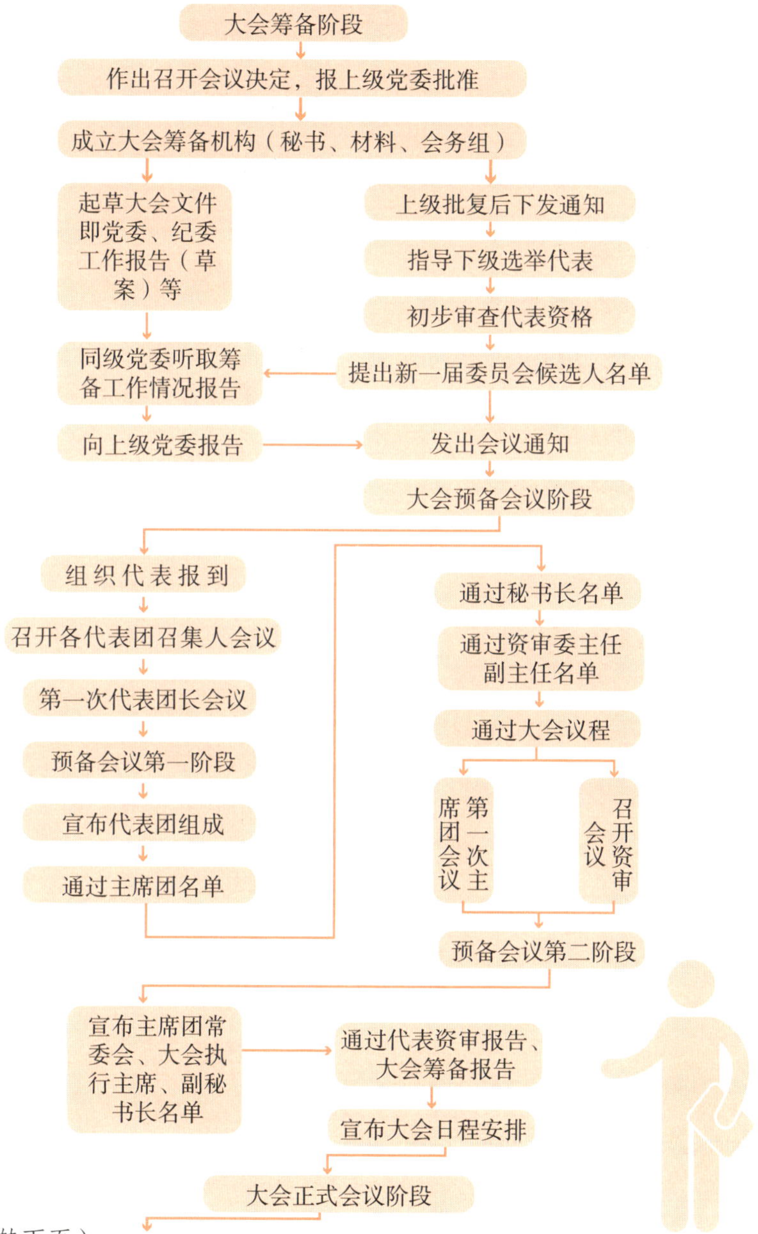

（转下页）

（接上页）

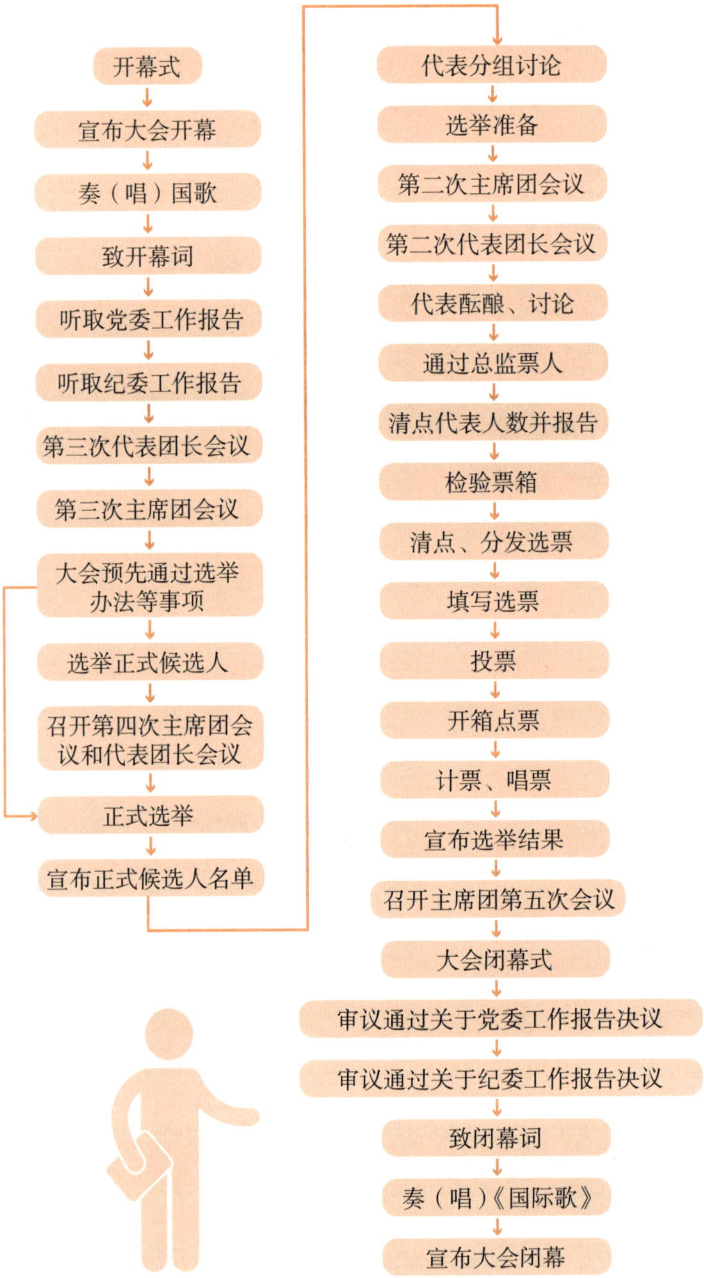
开幕式
宣布大会开幕
奏（唱）国歌
致开幕词
听取党委工作报告
听取纪委工作报告
第三次代表团长会议
第三次主席团会议
大会预先通过选举办法等事项
选举正式候选人
召开第四次主席团会议和代表团长会议
正式选举
宣布正式候选人名单
代表分组讨论
选举准备
第二次主席团会议
第二次代表团长会议
代表酝酿、讨论
通过总监票人
清点代表人数并报告
检验票箱
清点、分发选票
填写选票
投票
开箱点票
计票、唱票
宣布选举结果
召开主席团第五次会议
大会闭幕式
审议通过关于党委工作报告决议
审议通过关于纪委工作报告决议
致闭幕词
奏（唱）《国际歌》
宣布大会闭幕

（一）筹备阶段

1. 召开党委会讨论决定召开党员代表大会有关事宜

党的基层委员会一般应于任期届满两个月前，召开党委会分析召开党员代表大会进行换届选举的条件是否具备，如条件具备，应讨论决定：召开大会的时间；大会的指导思想、任务和主要议程；代表名额、构成比例及选举办法；下届党委委员、常委、书记、副书记和纪委委员、书记、副书记名额及“两委”委员选举方式。

2. 向上级党组织呈报召开党员代表大会的请示

党委会作出召开党员代表大会的决定后，要及时向上级党组织呈报《中国共产党 ××× 委员会关于召开第 × 次党员代表大会的请示》，受双重领导的党组织，应同时抄报上级协管单位党组织。

请示的主要内容是：大会召开的时间、指导思想和主要议程；代表的名额、构成比例、差额比例及选举办法；下届党委委员、常委、书记、副书记名额和纪委委员、书记、副书记名额及选举办法等。

请示的时间：《中国共产党基层组织选举工作条例》对请示上报的时间作出明确规定，召开党员大会或者党员代表大会的请示，按照党组织隶属关系，报有审批权限的上级党组织审批。召开党员大会的，一般提前 1 个月报批；召开党员代表大会的，一般提前 4 个月报批。

请示中需要明确的选举办法：党的基层组织选举党的各级代表大会代表、党的委员会委员、纪律检查委员会委员，可以直接采用候选人数多于应选人数的差额选举办法进行正式选举，也可以先采用差额选举办法进行预选，产生候选人名单，然后进行正式选举。党员代表大会代表候选人的差额比例，不少于应选人数的 20%。党委常委、书记、副书记的选举，通常是先采用差额选举办法，选举常委，再采用等额选举办法，从当选的常委中选举书记、副书记。党委常委、书记、副书记和纪委书记、副书记的选举一般不进行预选。这些，一般都需要在召开党员代表大会的请示中予以明确。

3. 成立党员代表大会筹备工作机构

召开党员代表大会的请示经上级党组织批准后，即可开始筹备工作。首先成立筹备工作领导小组，由党委书记、副书记和党委组、宣、办、纪委等部门负责人组成，根据需要，可下设秘书组、组织组、会务组、生活组，分工负责具体筹备工作，做到责任明确，按期完成（筹备工作就绪后，各组即转为大会的工作机构）。

4. 成立代表资格审查小组

在选举代表之前，党委要成立代表资格审查小组。成员一般由党委负责同志及组织、纪检、干部、人事、监察部门的党员干部组成，其主要任务是对代表的选举工作情况及时进行了解和指导，审查代表的产生程序和资格，写出代表资格审查报告，并负责向代表大会预备会议报告。

5. 发出做好召开党员代表大会筹备工作的通知

召开党员代表大会的请示经上级党组织批复后，党委即应向所属党组织发出关于做好召开党员代表大会筹备工作的通知。

召开党代会筹备工作通知的主要内容为：召开大会的时间；大会的主要议程；代表名额、构成比例、名额分配（附表）；代表条件和产生办法；代表选举工作完成时间及需上报的材料；大会筹备工作的组织领导；对所属党组织和党员的号召及要求。

6. 搞好宣传教育工作

搞好宣传教育工作，是开好党员代表大会的重要一环。在党委发出做好召开党员代表大会筹备工作的通知后，党组织要通过上党课、过组织生活等形式，在党员中进行召开党员代表大会目的、意义的教育，使广大党员明确召开党员代表大会的指导思想和重要意义，自觉认真地搞好本职工作，以实际行动迎接党员代表大会的召开；进行党的民主集中制和党员义务、权利的教育，使广大党员增强党性观念，激发光荣感和责任感，积极正确地行使自己的民主权利；进行实行差额选举重要意义的教育，使广大党员充分认识到实行差额选举有利于发扬党内民主、体现选举人的意志，要求党员以认真负责的态度正确对待党内选举，保证党员代表大会的顺利召开，圆满完成大会的各项任务。

7. 组织指导选好代表主要内容

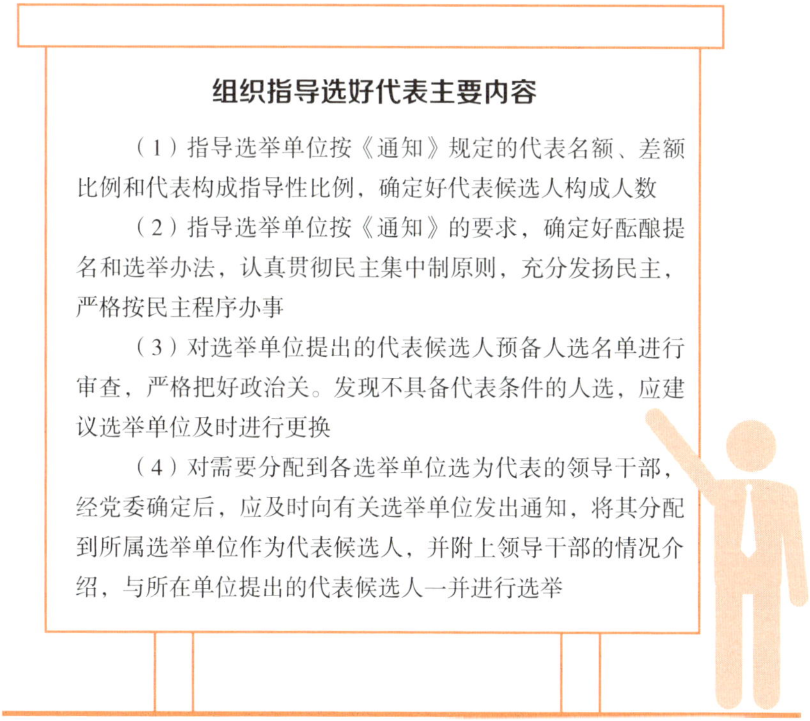

8. 做好代表资格的审查工作

代表选出后，代表资格审查小组要进行认真审查。一是代表的产生，是否符合规定程序，在酝酿提名和选举中是否充分发扬了民主，是否符合规定的差额比例和应选代表名额；二是代表是否符合条件、具备资格。如发现代表产生不符合规定的民主程序，应责成原选举单位重新进行选举；代表不具备资格的，应责成原选举单位撤换。然后写出审查报告，经党委讨论同意后，由代表资格审查小组负责人向党员代表大会预备会议报告，经大会审查通过后的代表，获得正式资格。

代表资格审查报告的内容和样例请参考党代表大会组织工作流程相关内容。

9. 组织酝酿提出下届“两委”成员候选人预备人选名单

“两委”组成人员名额经上级党组织批准后，即可着手进行酝酿提出“两委”成员候选人预备人选名单的工作。

（1）提出“两委”组成方案，向所属党组织发出推荐候选人名单的通知。主要内容是：推荐“两委”成员候选人名额（含差额）；推荐候选人应掌握的原则，如德才兼备和班子结构合理的原则，党委成员中党群干部应占多数，纪委成员中专职干部应占多数，“两委”成员除纪委书记外，一般不搞交叉重叠等。推荐方法：可采用召开党委扩大会议、支部（总支）党员会议等形式酝酿提名。

（2）根据推荐的名单，经党委研究，提出候选人初步人选名单，再返回所属党组织和代表（党员）中进行讨论。

（3）经过自下而上、上下结合、几次反复，最后集中所属多数党组织和代表（党员）的意见，由党委全委会确定“两委”委员候选人预备人选名单，并在此基础上提出党委常委、书记、副书记和纪委书记、副书记候选人预备人选名单。报经上级党组织审查同意后，作为建议名单，分别提交大会主席团和新产生的党委、纪委第一次全体会议。

10. 向干部主管部门呈报关于下届“两委”组成人员候选人预备人选的请示及有关材料

一般情况下，“两委”委员人选同常委、书记、副书记人选一并请示，由党委常委会呈报。一般应于召开党代表大会半个月前按干部管理权限，报干部主管部门审批；受双重领导的党组织，还要同时向上级协管单位党组织呈报。

上报材料

上报材料根据上级党组织的要求确定，一般有：

（1）《关于 ××× 委、××× 纪委换届人事安排问题的请示》

（2）党的委员会委员候选人预备人选登记表、名册

（3）纪律检查委员会委员候选人预备人选登记表、名册。委员候选人预备人选按姓氏笔画为序排列

（4）常务委员会委员和书记、副书记候选人预备人选名册、干部任免审批表和考察材料等

11. 起草党委、纪委工作报告

党委工作报告要在深入调查研究、广泛听取各方面意见的基础上，组织专人撰写，并由党委领导同志负责。报告初稿形成后，要印发所属党组织进行讨论，认真听取所属党组织和代表（党员）的意见，进行反复修改，最后经党委会讨论定稿。纪委工作报告初稿形成后，要先召开纪委会讨论通过，然后经同级党委会讨论定稿。

12. 成立党费审查小组，对党费进行审查并写出报告

在党员代表大会召开之前，党委要成立党费审查小组，成员一般

由纪委和财务、审计等部门的党员干部、所属党组织负责人组成。其主要任务是：按照上级党组织的规定，对党费的收缴、使用和管理情况进行审查，写出党费收缴、使用和管理情况的审查报告，并负责向代表大会预备会议报告。

13. 提出有关名单，编制代表名册

主要有：

（1）提出大会主席团和秘书长建议名单（设常务委员会的党委，主席团可设常务委员，需提出主席团常委会成员名单）；

（2）提出大会执行主席分组名单；

（3）提出大会副秘书长名单；

（4）编制代表名册；

（5）划分代表团（组），提出代表编组名单。

14. 做好党员代表大会材料准备工作

主要有：

（1）起草大会开幕词、闭幕词和关于党委的决议；

（2）起草大会议程、日程安排须知和纪委工作报告；

（3）起草大会选举办法（草案）和总监票人关于填写选票注意事项的说明，选举工作的主持词；

（4）提供党委委员、纪委委员候选人建议名单及候选人情况介绍；

（5）提供党委常委、书记、副书记和纪委书记、副书记候选人建议名单及选举办法（草案）；

（6）起草上届党委负责同志在代表团（组）召集人会议上的讲话稿；

（7）起草预备会议、正式会议、主席团会议和党委、纪委一次全会等主持人的主持词；

（8）提供选票式样和计票统计表、计票结果报告单、清点人数报告单、领发选票报告单、收回选票报告单等样式；

（9）起草大会须知。

15. 召开党委全委会，审议党员代表大会的各项筹备工作

筹备工作基本结束后，即应召开党委全委会，听取筹备工作的情况汇报，审议通过：党委、纪委工作报告；代表资格审查报告；党费收缴、使用和管理情况的报告；大会议程和日程安排；大会主席团和秘书长建议名单；大会执行主席分组建议名单；列席人员、邀请人员名单；党委、纪委委员候选人预备人选名单和大会选举办法（草案）；党委常委、书记、副书记和纪委书记、副书记候选人预备人选名单和选举办法（草案），以及大会会务工作中的有关事项。

16. 做好开会前的准备工作

开会前的准备工作

（1）打印大会各种文件材料，并将有关材料装袋

（2）制作代表证、列席证、工作人员证和总监票人佩条

（3）准备选举票箱和计票用具

（4）布置大会会场（会场布置要求请参见党代表大会组织工作流程相关内容）

（5）向代表发出报到时间、地点的通知

（6）联系邀请上级领导

（7）落实代表食宿、医疗、文娱活动、会务用车等安排

（8）组织接待代表报到

（9）落实大会期间的宣传工作

（10）落实会议期间的安全保卫工作

（二）预备会议阶段

1. 召开各代表团（组）召集人会议

代表报到后，应及时召开代表团（组）召集人会议。会议由上届党委主持。主要内容是：（1）简要介绍大会的筹备工作情况；（2）对代表资格审查报告、大会主席团和秘书长建议名单、大会议程（草案）、党费收缴、使用和管理情况的报告及其他有关确认事项进行说明；（3）布置各代表团（组）推选正副团（组）长；（4）向代表提出开好大会的有关要求。

会前，提供会议主持人讲话稿。同时，将代表名册、代表团（组）名单、代表资格审查报告，大会主席团和秘书长建议名单、大会议程（草案）和党费收缴、使用和管理情况的报告发给上届党委委员和各代表团（组），并发给各代表团（组）记录本。

2. 召开各代表团（组）会议

代表团（组）召集人会议结束后，各代表团（组）分别召开会议。主要内容是：（1）传达代表团（组）召集人会议的内容；（2）推选代表团（组）正副团（组）长；（3）审议代表资格审查报告及党费收缴、使用和管理情况的报告；（4）酝酿讨论大会主席团、秘书长名单和大会议程。

各代表团（组）会议结束后，由大会秘书处负责收集各代表团（组）讨论情况并向党委汇报。如代表提出不同意见，及时进行调整修改，然后提交大会预备会议通过。对选出的代表团（组）正副团（组）长经确认后，由大会秘书处组织将名单印发各代表团（组）和有关人员。

3. 召开大会预备会议

大会预备会议由上届党委主要负责同志主持，主要内容是：（1）报告大会筹备工作情况；（2）通过代表资格审查报告；（3）通过大会主席团和秘书长名单；（4）通过大会议程；（5）通过党费收缴、使用和管理情况的报告；（6）宣布有关事项。

开会时，上届党委成员在主席台就座，代表和列席人员按指定的座席就座。会前，将大会主持词和需要大会通过的主席团名单、秘书长名单、大会议程提供给主持人；将大会筹备工作的情况报告、代表资格审查报告和党费收缴、使用和管理情况的报告提供给报告人。

4. 召开大会主席团第一次会议

主席团和秘书长产生后，即召开主席团第一次会议。

主席团第一次会议主要议程

（1）明确大会主席团的任务

（2）通过大会主席团常务委员名单

（3）通过大会执行主席分组名单

（4）通过大会副秘书长名单

（5）通过大会日程

（6）通过其他需要确定的事项（如大会秘书处各组负责人名单等）

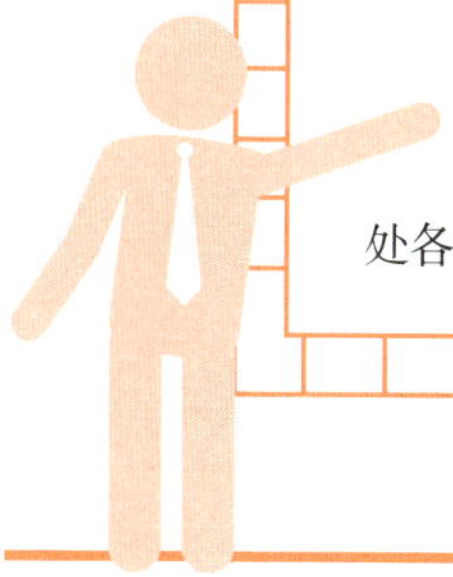

（三）正式会议阶段

1. 举行党员代表大会开幕式

经选举产生并经代表资格审查获得正式资格的党员代表，应参加这次大会。同时，一般安排不是代表的有关部门党员负责人列席大会。

（1）党员代表大会开幕式的主要程序是：

清点到会代表人数后，大会执行主席报告代表出席情况并作出说明（应到会代表数、实到会代表数、大会是否符合法定人数、能否开会等），公布这次大会执行主席名单，对上级领导和参加大会的离退休老领导、老同志表示热烈欢迎；

（2）宣布党员代表大会开幕；

（3）全体起立，奏（唱）国歌；

（4）由主席团一名成员（一般是上届党委的负责同志）致开幕词；

（5）上级领导讲话；

（6）上届党的委员会负责同志作工作报告。设立纪律检查委员会的，纪委负责同志作纪委工作报告（纪委工作报告也可以书面形式提交党员代表大会审议）；

（7）宣布休会。

2. 召开各代表团（组）会议

主要内容是：组织代表审议上届党委、纪委工作报告。要充分发扬民主，安排充足的时间，让代表充分发表意见，更好地发挥党员代表大会的监督、决策作用；各代表团（组）要做好记录，如实反映代表的意见、建议。

（1）按照大会日程安排，各代表团（组）对“两委”工作报告审议一定时间后，要根据主席团第二次会议的布置，讨论大会选举办法。

（2）酝酿新一届“两委”委员候选人建议名单。

（3）推选监票人。

（4）审议关于上届“两委”工作报告的决议（草案）。

3. 召开大会主席团第二次会议

在各代表团（组）开始审议上届“两委”大会进程，适时召开主席团第二次会议。

会议的主要议程有：

（1）讨论通过大会选举办法（草案）；

（2）讨论通过上届党委提出的党委委员预备人选名单，讨论通过纪委预备人选名单；

（3）推选监票人；

（4）听取各代表团（组）审议上届党委、纪委工作报告情况汇报；

（5）审议通过关于上届党委、纪委工作报告的决议（草案）。

会前，要将主席团第二次会议主持词提供给主持人；将大会选举办法（草案）、“两委”委员候选人预备人选名单及情况介绍、关于“两委”工作报告的决议（草案）发给主席团成员。主席团会议通过后，及时印发各代表团（组）讨论，然后提交大会通过。

4. 组织“两委”委员候选人预备人选与代表见面

为了使代表对“两委”委员候选人预备人选有更多更直接的了解，除向代表印发“两委”委员候选人预备人选名单及情况介绍外，可召开全体代表会议，组织“两委”委员候选人预备人选与代表直接见面。党委委员候选人预备人选可向代表作简要发言，自我介绍姓名、简历，表明自己的态度和今后工作的努力方向。

5. 召开大会主席团第三次会议

各代表团（组）会议结束后，应立即召开主席团第三次会议。

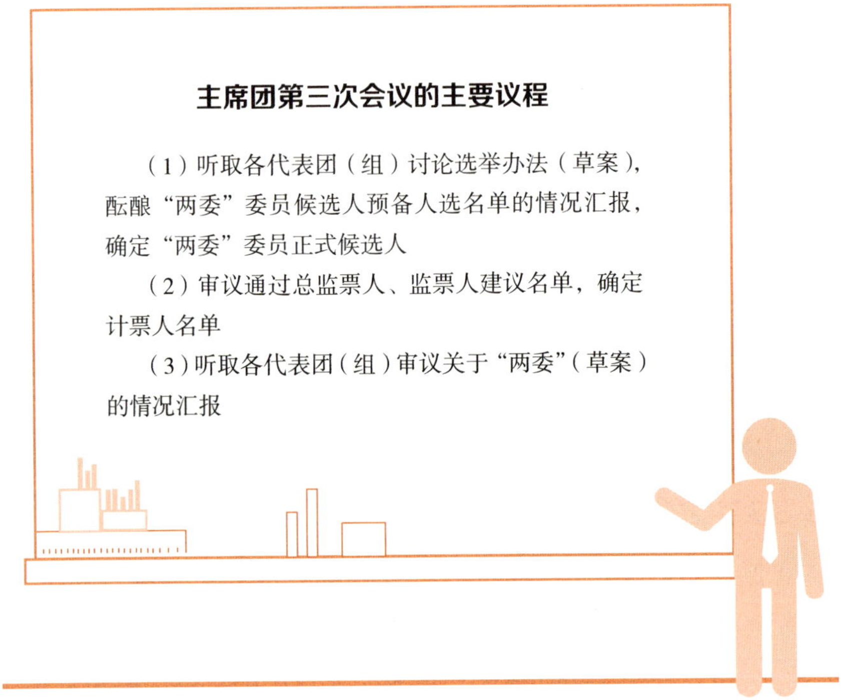

会后，要抓紧做下列工作，并责任到人：

（1）印制选票，并清点、包装好；

（2）准备好总监票人、监票人、计票人（总计票人）的标志佩条；

（3）培训监票人、计票人；

（4）准备好票箱、封条、剪刀；

（5）准备好计票统计表、计票结果报告单和清点人数、领发选票、收回选票报告单等表格用纸。

6. 大会选举

党员代表大会选举的程序一般是：

（1）清点到会代表人数。大会执行主席向大会报告应参加大会的代表数和实际参加大会的代表数。在确认有选举权的到会人数超过应到会人数的五分之四后，方可实施选举；

（2）通过大会选举办法；

（3）通过大会总监票人、监票人名单，宣布大会计票人名单；

（4）宣布下届党委委员和纪委委员名额和候选人名单；

党员代表大会选举的程序

（1）清点到会代表人数

（2）通过大会选举办法

（3）通过大会总监票人、监票人名单，宣布大会计票人名单

（4）宣布下届党委委员和纪委委员名额和候选人名单

（5）监票人当场检查票箱，计票人分发选票

（6）选举人填写选票，并在工作人员的引导下进行投票

（7）监票人、计票人清点选票，确认选举是否有效

（8）计票人在监票人的监督下计票

（9）报告被选举人得票情况

（5）监票人当场检查票箱，计票人分发选票。大会执行主席说明填写选票的注意事项（也可由大会工作人员宣读）；

（6）选举人填写选票，并在工作人员的引导下进行投票；

（7）监票人、计票人清点选票，确认选举是否有效；

（8）计票人在监票人的监督下计票；

（9）报告被选举人得票情况。进行预选的，由总监票人向主席团报告；进行正式选举时，由总监票人向主席团和大会报告，并由大会执行主席向大会宣布当选人名单（得赞成票超过实到会代表人数的半数为当选）。

7. 召开大会主席团第四次会议

计票结束后，应立即召开主席团第四次会议。这是主席团最后一次会议。主要议程有：

（1）听取总监票人报告大会选举计票结果，确认“两委”委员名单；

（2）确定“两委”第一次全体会议主持人。

8. 举行党员代表大会闭幕式

党员代表大会闭幕式主要议程

（1）通过关于党委工作报告的决议

（2）通过关于纪委工作报告的决议

（3）致闭幕词或主持人讲话（这不是必需议程也可不安排）

（4）全体起立，奏（唱）《国际歌》

（5）宣布党员代表大会闭幕

【创新案例】

灵山县“四个三”工作法推进村“两委”换届选举工作

2021年村（社区）“两委”换届选举工作开展以来，广西壮族自治区灵山县在自治区和市的指导下，稳步推进换届选举工作。截至目前，县委组织部部务会已对411名村（社区）党组织书记候选人预备人选进行了研究并提出建议，提请县委常委会研究确定；各镇（街道）已对新一届村（居）民委员会初步候选人进行政审，全部村（社区）已进行选民登记，各项工作有条不紊地推进。根据日程安排，灵山县计划于1月17日前，完成村（社区）党组织换届选举；1月29日前，完成村（居）民委员会换届选举；其他配套组织争取春节前完成。

抓细“三个先行”，筑坚强保障。调研摸底先行。灵山县县镇领导深入基层开展全覆盖调研摸底，县委常委会召开会议，开展逐镇（街道）研判换届准备工作，对换届选举进行“把脉问诊”。目前，全县411个行政村（社区）中，平稳村占96.35%，重点难点村占3.65%。储备人才先行。实行“三个一批”方式，选拔储备后备人才2522名。“五大”行动先行。开展“五清”行动，调处化解矛盾纠纷2291件，灵山县各村（社区）全部完成了财务审计和考核评议。

抓好“三个到位”，全方位推进。组织领导到位。灵山县组建换届领导小组办公室，下设综合组、宣传组、信访维稳组和4个督导工作组，成立换届业务、县级联审和换届考察3个工作专班。制定实施方案，细化环节流程，明确操作办法，落实县处级领导联系指导复杂村和较复杂村“两委”换届选举工作责任，对换届过程进行全程把控。并召开全县2021年村（社区）“两委”换届选举工作动员会，为推动换届选举工作确立目标方向。同时，落实经费保障问题，划拨到各镇（街道）672万元。业务培训到位。组织县镇换届业务人员进行专题培训，深入解读实施方案的总体要求、环节流程、操作办法等内容，切实提升换届业务工作水平，共培训业务人员4500多人次。舆论宣传到位。充分利用广播电视、官方App、微信公众号等平台，开设专栏，宣传换届选举政策规定和纪律要求，共播发信息300多条，电视专题10期。组建文艺宣传小分队，精心编排“快板”“小品”“有奖问答”

等节目，奔赴19个镇（街道）开展巡回文艺汇演。并编发手机短信10万条，来电视频彩铃覆盖全县党员干部。在灵山县城区、镇区主干道及公路沿线，制作户外大型宣传广告共260座。各镇宣传车，各村（社区）广播滚动播放“换届之声”，悬挂横幅3680多条，张贴宣传标语9000多份，发放纪律案例选编共1200多份。

抓严“三个关口”，严格程序步骤。首先，把好动员关。发挥驻村干部、驻村工作队员作用，积极动员大家参加党员大会和村民代表会议。其次，把好程序关。按照灵山县换届办日程安排表，依程序开展换届选举工作，县镇督导组指导各村（社区）严格换届程序环节。最后，把好联审关。严格执行规定，做到“不扩大、不缩小”，督促指导各镇及时报送正式（初步）候选人材料，联合县级联审部门进行任职资格审查。

抓实“三项制度”，层层传导压力。实行组长责任制度，成立4个督导工作组，实行督导组长负责制，落实责任分工。目前，督导工作组已开展督导269次，解析业务问题100多次，反馈整改意见60条，访谈300多人次。实行周五例会制度。每周下达督导工作清单，明确每周督导工作的要点、重点和难点，实现清单化管理、项目化推进、精细化落实。每周五由县换届办召开会议，及时提出解决问题的办法。目前，已经解决疑难问题50多个。实行全程纪实制度。每天建立一张督导表，列举清楚督导内容、亮点做法、存在问题和意见建议，推动换届选举工作落实到位。

（摘编自广西新闻网2021年1月8日，作者：韦耕洲、赖子福）

第十二章

党务工作方法

XINSHIDAI

ZHUANZHI DANGWUGONGZUOZHE GONGZUO

SHIYONG SHOUCE

TUJIEBAN

党务工作一直以来都是我们党的工作的重要组成部分，关系到我们党的发展。党务工作也是联系党和群众的重要通道，可以说党务工作是我们党在群众心中的一面镜子，党务工作的好坏关系到人民群众对我们党的信任度。

一、党务工作的基本方法

党务工作的方法是做好党务工作的手段和途径，是对党务工作客观规律的具体运用。它具有实用性和可操作性，更具有普遍适用性和科学性。党务工作的基本方法是机关党组织为了确定和达到党务工作目标所采用的方略、程序、手段和技术，它包括思维方法和工作方法两大类。

1. 调查研究的方法

调查研究，既是思想方法，又是工作方法；其中既有世界观的问题，又有方法论的问题。

深入实际，调查研究，是马克思主义认识论在工作中的具体运用，是坚持党的群众路线的具体体现，是我们党的优良传统和作风，也是实现机关党组织职能的主要工作方式和原则。它是指运用马克思主义的立场、观点、方法对客观实际情况的真实了解和分析研究，从而获得对客观事物的内在规律的认识，用以指导实践。党组织要运用调查研究的方法，了解党务工作和党员干部的实际情况，增强教育的针对性，提高决策的准确性，加大工作的实效性。

机关党组织只有通过调查研究，才能把党的路线、方针、政策以及上级决策与本单位的实际结合起来，把对上负责与对下负责一致起来，把工作的积极性与主观能动性融合起来，把机关的指导作用和基层的工作热情充分发挥出来。

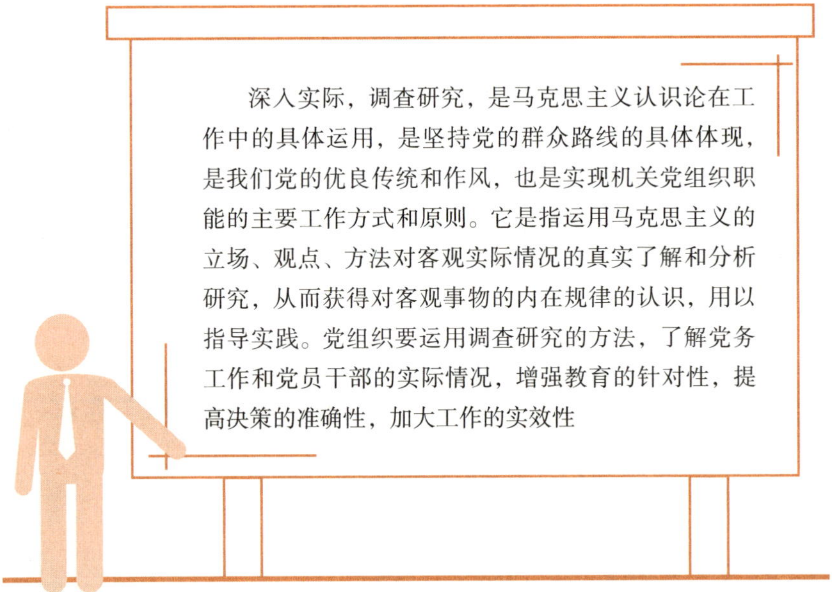

调查研究在具体操作上有若干阶段和步骤：一是课题的确定。即准备调研的课题，可选择典型单位、热点问题、意见建议或有关经验教训等题材，从分析到筛选，构成调研的逻辑起点和实际起点。二是对象的选定。可根据课题涉及对象的情况，采取普遍调查和抽样调查的形式；也可按照工作的需要，选择先进的、中间的和后进的几种，注意它的代表性、典型性；还可分别选择机关老、中、青年党员、干部、领导等作为调查的对象。三是方案的拟定。针对已确定的调研课题和对象，通过发动群众、组建智囊、粗略设想、细致设计，拟出达到预期要求的途径、措施和办法。四是实施阶段的修订。主要是追求调研的真实。经过一段时间的调研，要分析出以下几种情况，意见一致的问题与意见不同的问题，有关全局的问题与单位内部的问题，原因查明的问题与原因未明的问题，决策者关注的问题与群众关注的问题，现实中的问题与发展中的问题，孤立存在的问题与相互联系的问题，等等。通过分析，可对调研工作作进一步的调整完善，或补充调研，或提出新的调研题目。具体调研的方法很多，主要有四种，即资料收集、书面问卷、座谈了解和个别走访。

党组织运用调查研究的方法开展党务工作，一定要有正确的思想方法和工作方法，要有实事求是的科学态度。调查研究是每个党务工作者都应具备的基本功。在实际调查中，要坚持调查的客观性、全面性和深入性，反对主观性、片面性和表面化，要处理好尊重客观事实与先入为主的关系、片面的实际与全面的实际的关系，这样才能通过调查研究取得工作的主动权。

2. 突出重点的方法

在党务工作中，全面履行党组织的职责，不等于平均用力，平推各项工作。从单位实际出发，突出重点，兼顾一般的工作方法，是唯物主义辩证法在机关党建工作中的具体运用。唯物辩证法认为，一个事物面临的种种矛盾，其中必然有一种起决定作用的主要矛盾。抓住了主要矛盾，其他矛盾就迎刃而解了。这就告诉我们，机关党的建设也要善于抓主要矛盾。一是抓中心工作。既要抓全局的中心，也要抓局部的中心。全局以经济建设为中心，各单位都围绕中心开展工作。机关党组织要根据单位的实际情况确定自己的工作中心，使局部的中心和全局的中心一致起来。二是补短板。一只木桶的容积取决于最短的一块木板而不是最长的木板。同理，机关党的工作的成效取决于薄弱环节、关键环节。机关党务工作者要集中精力抓关键环节，抓薄弱环节，要千方百计地延长短板，以达到整体上的最佳效果。三是抓“重要的少数”。管理界有一个“二八原理”，就是“重要的少数与琐碎的多数”原理。它的含义是在任何特定的群体里，在任何特定的工作中，重要的因子通常只占少数，比如占 20%，非重要的因子通常占多数，比如占 80%。因此，只要能够抓住 20% 的重要因子就能控制全局。机关党务工作者要把自己的工作排排队，从中发现哪些是约占 20% 的重要工作，并要紧紧抓住这些工作不放，争取带来全局的胜利。四是抓 abc 分类。机关党务工作者可把全部工作分为三类，a 类为最重要的，就集中人力确保它的完成；b 类是重要的，就尽量争取完成；c 类是一般工作，占的比例较大，可以正常操作或授权他人完成。abc 分类法不是固定不变的。时间变了，环境变了，条件变了，认识变了，abc 中的内容可以相互易位。但不管怎么易位，始终要抓紧 ab 两类，尤其是 a 类工作。

3. 目标管理的方法

目标管理是现代管理的方法之一，也是党组织在新时代用于党务实践的新方法。它运用定性和定量分析相结合的方法，把党的工作和业务工作有效地结合起来，有利于提高机关党务工作者的管理水平。

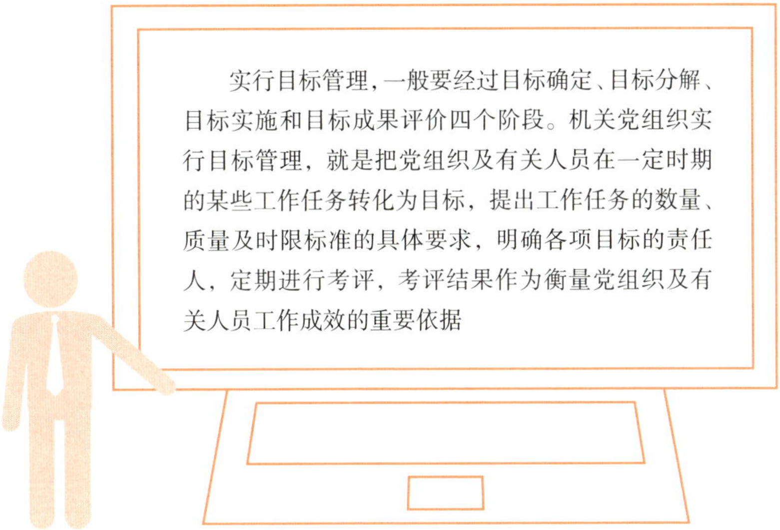

目标确定。首先在确定目标前，机关党组织要对自身的特点、优势和存在的主要问题，进行认真的调查分析，使确立的目标更具针对性。其次，要使自己的目标和机关党的建设的总目标、上级党组织的工作要求和机关的行政业务工作相一致，做到目标合理可行。最后，确立的目标要尽可能规范化、定量化和数量化，对于难以用数量指标说明的工作，可以从工作的时限、质量和效率方面提出要求。

目标分解。目标分解是将单位机关党建总目标自上而下，层层分解，落实到位的过程。由于这个过程是确立总目标下属的子目标，因而也是目标制定的内容。按单位内部机构设置和组织层次依次分解，直到党员个人。各层次之间的关系是：下层子目标保证上层子目标，直到总目标，层层相保，形成一个上小下大的金字塔型目标体系。目标分解应组织全体党员参与，共同商议。通过目标协商，使上下目标一致，消除上下级之间的意见分歧，加深对目标的理解，充分调动每个党员的积极性。只有这样，各级目标才能成为目标体系中现实的子目标。

目标实施。目标实施是目标管理的实践过程，是重要环节。首先要把管理的重点放在指导、协助、提出问题、提供信息以及创造良好的工作环境上。其次，要抓好每个党员的自我控制，充分发挥积极性，同时也要抓好上级控制，发现薄弱环节，及时加以解决，对于需要加强合作的子目标一定要搞好协调。最后，要抓好实施过程中的检查，督促目标实施秩序化、成效化。

目标成果评价。首先，确定各目标项目的得分。其次，确定各目标项目的权重值。权重值反映各项目在目标中的重要性。最后，确定目标成果的综合评价分。每个项目的得分分别乘以该项目的权重值，再把该项得分一一计总，就得到目标成果的综合评价分。考评可通过将定性与定量相结合，自考与上级考相结合的方法进行。通过考评，鼓励先进，激发后进，不断促进机关党的工作。

4. 激励引导的方法

激励是党务工作的一个重要的方法，它通过某种特定的外部或内部刺激的影响，使人保持一种兴奋状态，激发工作动机，鼓励工作行为。比如在党务工作中，制定任务是要激励党员干部积极参与，完成任务更要激励大家为之奋斗。激励的关键是要把激和励结合起来。激是激发党员的动机、热情、活力，励是鼓励党员的目标与群体目标一致的积极行为。

激励的方法主要有目标激励、榜样激励、物质激励、精神激励、制度激励等。目标激励就是设置适当的目标，使其具有诱发、导向和激励行为的功能，激发党员干部工作积极性、主动性和创造性。如在机关开展“三优三满意”创建活动，就是把激励目标与鼓励正确行为、激发向上动机及满足合理需要紧密地结合起来，以求得到最佳激励效果。榜样激励是党务工作中传统的行之有效的方法，是对先进思想和高尚行为的肯定和鼓励，用正面的形象来感染人、鼓舞人、教育人，鞭策后进者的方法。如机关党组织普遍开展的评选优秀党员、先进党组织的活动，就是榜样激励的具体形式。党务工作者自身也应成为榜样，可以用自己的人格和能力等非权力性因素，达到调动、集聚党员积极性的目的。物质激励和精神激励要结合起来使用，既要关心党员

干部的正当、合理的物质需要，主动帮助党员干部排忧解难，也要引导党员干部追求高层次的精神需求，以帮助他们实现自己的人生价值。制度激励是用每个党组织的成员都必须遵守的成文或不成文行为准则来引导党员干部实现自我价值。如建立岗位责任制、党员处室负责人兼任机关党支部书记的一岗双责制等。

引导是机关党的工作中最常用的一种教育手段，它主要是启发和激发党员，促使他们自爱、自尊、自觉、自重，从而达到调动主动性、积极性、创造性的目的。

党务工作的方法是动态的、发展的、创新的，不可能是一成不变的。最重要的是，党务工作者要努力掌握党建理论，勇于在实践中创造。当前，在党务工作中，十分需要营造一个“双重创造”的氛围。所谓“双重创造”，就是指在开展党建工作中，党务工作者不仅要善于创造性地执行上级党组织和单位党组（党委）的决策，创造性地使用党务工作的方式方法，创造出本单位党务工作的好形势，而且要努力创造一个富有创造性的环境、富有创造性的气氛，从而有利于广大党员发挥聪明才智、发挥先锋模范作用，有利于党的事业蓬勃发展。

二、提高领导艺术

第一，善学习。习近平总书记在纪念陈云同志诞生 110 周年座谈会上强调指出，全党同志一定要把学习作为一种政治责任、一种精神追求、一种生活方式，不断接受马克思主义哲学智慧的滋养，自觉坚持和运用辩证唯物主义世界观和方法论，广泛学习各方面知识，做到学以益智、学以励志、学以立德、学以修身。这是党在新时代对广大党员干部提出的明确要求，也是为党员领导干部全面提高执政素质和能力水平开出的良方。中国文联和作协主席铁凝在一篇文章中写道：“只有不断地学习，才知道世界有多大，人心有多深，自己的缺点有多么多。”

党务工作者的学习方法

党务工作者要达到眼界宽、视野宽、胸襟宽这一要求，要以党的中心工作为基点，以正在做的工作为基点，以实际工作需求为基点，多读书，既读有字之书，也读无字之书；多读人，既拜领导同事为师，也拜基层群众为师；多读事，既要在总结中不断提高，也要在实践中不断创新。同时，要在自己先学一步、多学一点的基础上，组织好全体党员的学习，积极营造浓厚的学习氛围，建设学习型党组织

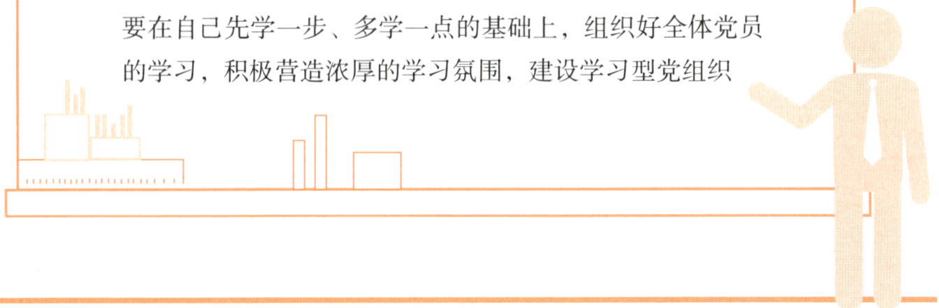

第二，善谈心。谈心谈话是我们党开展思想政治工作的优良传统，是加强党员干部日常教育、管理、监督和沟通交流的重要途径，是新时代加强和改进党建工作的有效手段。谈心谈话是一门领导艺术，作为党务工作者需要练好这方面的基本功，重点把握好四个方面：一要真心真情。古人讲：“感人心者，莫过于情。”只有与人为善，敞开心扉，以诚相待，才能换得党员干部的信任，谈心才能触及内心，他们才敢说实话、吐真情、掏心窝，做到双方心与心的互动、情感与情感的共鸣，这样才能从根源上解决思想问题。二要把握时机。在轻松的环境和气氛中谈心，大家才能聊得开，可利用党员干部汇报工作间隙

或下班后的时间，与党员干部谈工作、谈学习、谈生活，掌握他们的思想动态，倾听他们的心声，达到春风化雨、润物无声的效果。三要注意方法。谈心谈话不仅仅是我说你听，重要的是要动之以情，晓之以理，同志有错误时，给予理解宽容；有成绩时，给予肯定鼓励；有困难时，给予热情帮助；有思想包袱时，给予沟通化解。四要区别对象。党员干部的情况各不相同，与他们谈心时也要区别对待，不同的人、不同的情况就要注意把握谈话的不同角度和切入点，有针对性地解决问题。特别是针对年轻党员干部，要多关注他们的思想波动和实际情况，在他们成长、进步的道路上排忧解难，充当“铺路石”，让他们甩开包袱，轻装上阵，早出成就。

第三，善协调。“同心山变玉，协力土变金”，说的是团结协作的重要性。在党务工作中，党支部是最基层的党组织，要想使党支部工作富有生机和活力，只靠党支部书记一个人的力量是有限的，党支部书记能力再强，如果不注重发挥“班子”的整体作用，党支部的凝聚力战斗力就难以体现。这就需要党支部书记有较强的协调能力。会协调是党支部书记必备的基本素质，也是党支部书记的重要职责。有所为有所不为是大智慧，统揽全局而不独揽一切是大才干。作为党支部书记要热情支持党支部委员的工作，放手让党支部委员大胆开展工作，具体问题让其去处理，重要问题大家集体讨论决定。遇到困难或工作集中时，党支部书记要主动协调、帮助党支部委员做好相关工作，做到分工不分家，相互支持、协调一致，共同把工作做好。在整个工作中，党支部书记要认真执行民主集中制原则，既能虚怀若谷、从善如流，又能善于集中、敢于拍板，依靠集体的智慧和力量开展工作。在与周围同志相处时，特别是在班子内部，要放下架子，戒绝“官气”，做到大事讲原则、小事讲风格，靠自己的人格魅力为党支部委员当好“班长”、做好表率。

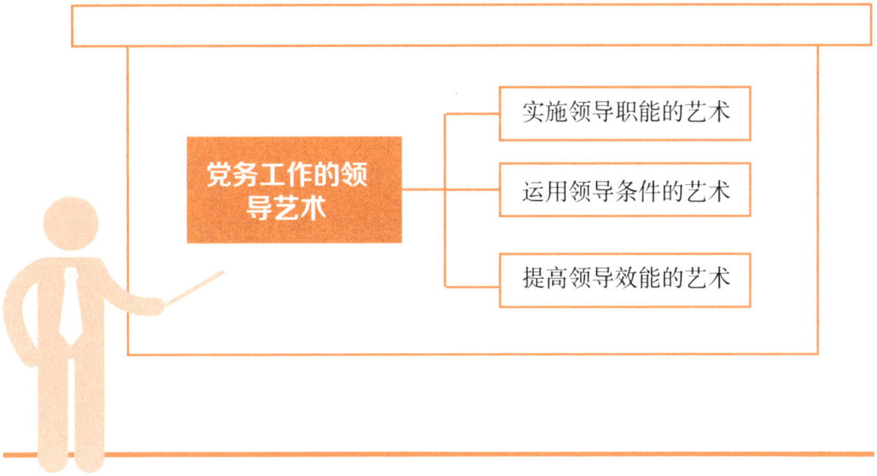

第四，善结合。有人认为党务工作任务虚、弹性大，多干点成绩不明显，少干点别人也看不到，往往成了“说起来重要、做起来次要、忙起来不要”。之所以如此，一个关键问题是就党建抓党建，没有针对党员队伍的特点结合工作业务开展工作。党支部书记在抓党建和党支部建设时，要注意与本部门的工作任务和责任结合起来。“围绕中心抓党建，抓好党建促业务”是唯物主义辩证法在实际工作中的具体体现。党支部书记既要坚持“两点论”，党建和业务“两手抓，两手都要硬”，又要坚持“重点论”，紧紧围绕服务中心抓好党建和党支部建设，找准党建与中心工作和业务工作的最佳结合点，把党建工作与业务工作一起研究部署、一起组织实施、一起考核总结。

第五，善创新。工作时间久了，情况、程序都熟悉了，人便容易懈怠和自满。特别是做党务工作更容易受传统束缚，面对新情况、新问题，按部就班、“照方子抓药”无疑是刻舟求剑，已很难适应时代发展的需要。作为一名党务工作者，应该始终充满激情，对待党务工作既要坚持程序和规范，把事情办好，又要经常思考、善于创新。创新主要体现在组织生活内容和形式两个方面。比如，实践证明行之有效的“三会一课”制度不仅不能丢，还要坚持好，但不能总是老套路、老面孔。要贴近时代、贴近实际、贴近工作，尽量从大家的兴趣和需求出发，让党建活动内容更加丰富、更加吸引人。在活动形式上也要创新，比如理论学习、专题辅导、主题党日、经验交流、结对帮扶等，都是有利于做好党务工作的有效活动形式，需要在工作中加以灵活应用。有些时候工作不怕做不到，就怕想不到；一个好的点子往往比盲目工作更重要。

三、改进党务工作方法

1. 坚定党务工作者的信念

要树立信念，充分认识党务工作的重要性，加强从业人员的党性修养，确保队伍的稳定和工作效率。坚定党务工作者的信念，让从业人员认识到当前形势的严峻，统一思想，提高从业人员的思想觉悟。坚定的信念是党务工作者工作动力的源泉，是做好党务工作的思想保证。

2. 党务工作者要用习近平新时代中国特色社会主义思想武装自己

基层党务工作者是与人民群众接触的第一线，一定要用先进的思想感化人民群众，并指导生产生活。要做到这点，一方面，党务工作者要有效学习，努力提高自己的思想水平，提高自己的党务工作能力，更好地服务群众。党务工作者必须树立起远大的理想抱负，对自己的言行不断地进行改进。另一方面，要严于律己，只有这样才能更受人民拥戴，才能更有号召力。

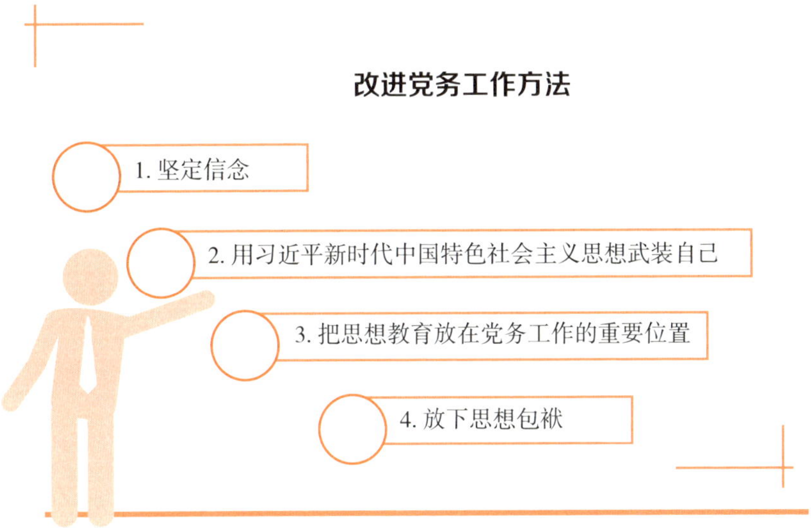

3. 把思想教育放在党务工作的重要位置

思想教育工作要从两方面入手：首先要注重实效，党务工作要和现代化建设相结合，将集中学习和基层组织学习相结合，尝试更多新形式的教育方式；其次，要有创新活动，从而更好地对党员以及其他人员进行素质教育。有效的载体可以使得健全党委理论学习机制、创建学习型组织、普及终身学习理念等工作取得更好的成绩。

4. 让党务工作者和党员放下思想包袱

我们提到一些党务工作者之所以不能安心工作，总想着晋升，主要的原因是党务工作者的待遇和地位问题得不到解决，首先要让工作人员没有后顾之忧。要制定相应的奖惩措施，对一些表现好的工作人员给予晋升机会以及待遇上的提高。强化党务工作的指标，作为考核标准。同时要严肃党规党纪，杜绝非正常方式晋升，严防腐败，严防人情关系，把工作指标作为唯一的考核标准，彻查违规行为。要让党务工作者认识到这份工作的神圣性，感觉到自己的重大责任。

党务工作一直以来都是我们党的工作重心，关系到我们党的发展。党务工作也是联系党和群众的重要通道，可以说，党务工作是我们党在群众心中的一面镜子，党务工作的好坏关系到人民群众对党的信任度。新形势下，党务工作面临诸多的挑战，我们需要积极改进党务工作的工作方式，努力纠正错误，把党务工作做到实处。

【创新案例】

树牢大抓基层鲜明导向
推动基层党建全面进步全面过硬

党的二十届三中全会聚焦增强党组织政治功能和组织功能，对加强基层党组织建设作出专门部署。近年来，山东省青岛市即墨区牢固树立“抓好党建是最大政绩”的理念，把大抓基层党建作为“一把手”工程，连续两年召开全区基层党建工作会议，区、镇、村三级书记参会，一竿子插到底研究部署基层党建任务，将2024年确定为基层党建“提标创优年”，明确了“从基础规范做起、靠典型示范引领、以全面提升推开、用工作成效检验”一套打法，全力以赴抓思想、强体系、建队伍、促发展，持续推动基层党建全面进步、全面过硬。

坚守政治引领的“根与魂”。党的政治建设是管方向、管根本的，抓好基层党建的首要任务就是抓好政治建设，引导基层党员在讲政治、练内功、强本领中坚定理想信念。一是大力实施凝心铸魂工程。坚持把政治建设摆在首要位置，在全区各级党组织和党员中深入开展主题教育和党纪学习教育，把党的创新理论、党的纪律要求作为各级党员干部的“必修课”。认真落实“第一议题”、读书班等理论学习制度，不断强化各级党组织集体学习研讨，推动党的创新理论学习深化内化转化。二是严肃党内政治生活。以开展基层党组织“评星定级”为抓手，引导全区各基层党组织高质量落实好“三会一课”、主题党日等组织生活制度，严格抓好督导检查和整改落实，带动广大党员锤炼政治品格、严明政治纪律、遵守政治规矩。三是建好用好党员教育阵地。在规范提升区镇两级党校办学水平、深挖本土红色资源的基础上，打造以区党员教育活动中心为辐射，覆盖17个镇街、N处现场教学点的“1+17+N”党员教育阵地，实现基层党组织书记和党员培训全覆盖，引导广大党员赓续红色血脉、锤炼党性修养，不断激发奋进新征程的澎湃动力。

提升组织体系的“形与质”。党的基层组织是党的组织体系的重要基石，只有基层党组织“力量澎湃”，党的组织体系才能“坚强有力”。坚持以严密党的组织体系为重点，深入开展党支部标准体系建设，分领域明确农村、城市社区、“两企三新”等各领域基层党组织建设的条件和标准，着力增强基层党组织政治功能和组织功能，确保党的领导贯穿各层级、覆盖基层各领域。在农村领域，坚持“一统领三融合”，扎实推进新村高质量融合发展，设立135个新村党委和1027个自然村党组织，优化调整村级网格，推选9500余名党员中心户，建立起“新村党委—自然村党组织—网格党小组—党员中心户”的组织链条，农村组织体系架构更为精细、响应更加迅速。在城市社区领域，把基层党建的触角向小区延伸，扭住业委会和物业这两个关键，深入开展“红色物业”“红色业委会”双覆盖攻坚行动，同步实现了党组织全覆盖，有效增强了城市党组织的动员能力和服务能力。在“两企三新”领域，实施“两企三新”组织党建“扩面提质”八项行动，打造12个党建先进典型，在快递物流、网约出行、外卖跑腿等新兴领域发展党员60余人，建设70处“红色驿站”、11处“骑手友好社区”，为城市传递党组织的温暖与关怀，确保党的组织有效嵌入各类社会组织、党的工作覆盖各类群体。

……

强化保障发展的“能与效”。基层党建抓得实不实、效果好不好，要靠服务保障发展的成效来检验。坚持抓党建促发展，找准基层党建与重点工作、中心任务的结合点，说了算、定了干，做到“困难面前有我们”，推动基层党建促进高质量发展效果不断显现。抓党建促乡村振兴取得新成效。坚持区、镇、村三级联动抓乡村振兴，深入开展“百村争先·全域提升”三年行动，深入开展乡村公共资源专项整治行动，因地制宜指导组建52个强村共富公司，探索实践了“联建富”“一联四建”的党建引领乡村振兴新路径。党建引领基层治理实现新突破。坚持以人民为中心的发展思想，完善网格化管理、精细化服务、信息化支撑的基层治理体系，创新运用“党群同心·共建家园”“千名干部联企业·万名党员联群众”等活动载体，深化“镇街吹哨、部门报到”体制改革，健全“即诉即办”平台，推动条条围着块块转、部门围着镇街转、干部围着群众转。以国有物业企业进驻无物业小区托底管理为契机，成立由社区党委、物业企业、党员居民代表三方组成的“红色物管会”，打造高素质社区工作者队伍，创建了“红马扎”“红扳手”等系列品牌，走出一条党建引领基层治理新路子。党建赋能产业发展展现新作为。坚持把经济发展的着力点放在实体经济上，把支部建在重点产业链上，将党建工作融入园区企业发展中，以汽车、海洋、新一代信息技术等6大主导产业和15条重点产业链为基础，深入开展“园区党建强基行动”，构建起“园区党工委—非公企业综合党委—非公企业党组织”的严密组织体系，在青岛汽车产业新城建立了“动力先锋”党建联盟，以“组织链”串起“产业链”，助推汽车产业向传统能源和新能源汽车产值“双千亿”目标加速迈进。

（摘编自《学习时报》2024年12月2日，作者：韩世军）